New HSK Vocabulary

新HSK
分级分频词汇

4级

杨莹 周新新 主编

Sinolingua
华语教学出版社

First Edition 2024
Fourth Printing 2025

ISBN 978-7-5138-2485-9

Copyright 2024 by Center for Language Education and Cooperation

Published by Sinolingua Co., Ltd

24 Baiwanzhuang Street, Beijing 100037, China

Tel: (86) 10-68320585 68997826

Fax: (86) 10-68997826 68326333

https://www.sinolingua.com.cn

E-mail: hyjx@sinolingua.com.cn

Printed by Beijing Hucais Culture Communication Co., Ltd

Printed in the People's Republic of China

编委会

主 编
杨 莹　周新新

编 委
傅思泉　孙燕琳
郑云心　罗穗燕　郭珊珊

Editorial Committee

Chief Compilers
Yang Ying   Zhou Xinxin

Members
Fu Siquan   Sun Yanlin

Zheng Yunxin   Luo Suiyan   Guo Shanshan

前　言

为了帮助考生顺利通过新汉语水平考试（HSK），提高汉语词汇水平，我们根据2021版《新汉语水平考试大纲》《国际中文教育中文水平等级标准》（以下简称《标准》）和历次新汉语水平考试真题，有针对性地策划了"新HSK分级分频词汇"系列丛书。

本丛书依据《标准》三等九级的要求，包含初等（1～3级）、中等（4级）、中等（5级）、中等（6级）和高等（7～9级）共五册。我们将首先推出汉英版，后陆续推出汉法、汉西、汉俄、汉阿、汉日、汉韩、汉泰等多个语种版本。本丛书以历次新汉语水平考试真题词汇出现频率为依据，共收录大纲词汇及新标准词汇1万余个。这些词汇通过数据库分频准确地统计出出现次数，并按照其出现的高低频次进行编排，便于考生确定科学合理的记忆顺序，从而快捷高效地掌握核心词汇。

作为一套考试词汇用书，本丛书具有以下几个方面的特点：

1. 数据库科学分频，记忆顺序合理。本丛书打破了按字母顺序罗列大纲词汇的传统做法，以历次真题词汇出现的频率作为统计依据，对历次真题词汇进行精确统计和分析，按照词频高低进行排列，为考生在记忆词汇过程中分配时间和安排记忆顺序提供了科学依据。

2. 汉字、拼音、词性、释义布局合理。本丛书对每条词汇下的各项内容进行了精心布局，更符合学生记忆、背诵需要，无需借用外物遮挡释义记忆中文词汇，遮挡拼音记忆汉字。本书设计时在初等（1～3级）分册中不仅增加了拼音，还加入了汉字笔顺，以帮助学生在初级阶段学写汉字时准确地掌握书写笔顺。

3. 短语搭配、例句贴近真题，科学、实用。每个词汇有若干短语搭配和1～2个例句，均贴近真题语言，可以帮助考生适应真题，了解真题考点，将词汇的记忆与考试科学地结合起来。

特别需要提醒的是，超高频和高频词汇固然重要，但还有很多真题中仍未出现的"低频"大纲词汇需要考生注意，将来的试题很可能会特殊"关照"一下这类词汇。

对于多音字词和同形字词，本丛书均按照其在《新汉语水平考试大纲》中出现的方式（根据注音或词性的不同而区分成不同的词）编排设计，考生不必为这些特殊词汇烦恼，按部就班地学习即可。

最后，祝愿所有考生能够借助本丛书科学地记忆汉语词汇，顺利通过新汉语水平考试！

Preface

To help students in enhancing their Chinese vocabulary and in passing the HSK test, the series titled *New HSK Vocabulary Graded by Frequency* has been compiled. It is based upon the *Chinese Proficiency Test Syllabus 2021*, the Chinese Proficiency Grading Standards for International Chinese Language Education (hereinafter abbreviated as the "Standards"), and the test papers of the HSK examinations.

This series adheres to the "Standards" in its design of levels. It consists of five volumes: one Elementary Volume (Levels 1-3), three Intermediate Volumes (Levels 4, 5, and 6), and one Advanced Volume (Levels 7-9). The Chinese-English version will be published prior to other bilingual versions, including Chinese-French, Chinese-Spanish, Chinese-Russian, Chinese-Arabic, Chinese-Japanese, Chinese-Korean, and Chinese-Thai versions. Incorporating over 10,000 words and expressions, the series is based upon the test syllabus and the "Standards", emphasizing terms based on their frequency in HSK examinations. Using a database, the exact number of times each word appears is tabulated, shaping the sequence within the books. By setting the reasonable memory sequence for students, this approach aids them in promptly and efficiently learning key terms.

The series, as a set of vocabulary books tailored for the HSK examinations, has the following features:

1. It breaks the traditional way of listing the syllabus vocabulary in alphabetical order by giving an accurate count and analysis of the words and expressions that have appeared on the past HSK tests and sequencing them based on their frequency of appearance to provide a methodical basis for students to allocate their time and highlight the emphases when it comes to mastering these vocabulary words.

2. It provides a reasonable layout for Chinese characters, pinyin, part-of-speech and English explanations. These items under each vocabulary entry are meticulously designed to make it more convenient for students to memorize the new words; they don't need anything to cover the English explanations while trying to remember the words, nor do they have to cover the pinyin as they learn the Chinese characters. Besides pinyin, the Elementary Volume (Levels 1-3) includes the stroke orders of Chinese characters to help students better understand the stroke orders in the early stage of character learning.

3. Phrase collocation and practical sample sentences closely following the structure of those in real tests are provided. Each entry is accompanied by phrases and one or two sample sentences that are quite similar in language style to those in HSK examinations. Hence the students can easily adapt to the real tests and obtain a deeper understanding of the key test points. In this sense, vocabulary memorization will directly yield good examination results.

While "super high frequency" and "high frequency" vocabulary words are admittedly of great importance, there are still many "low frequency" vocabulary words that are required by the test syllabus but have never appeared in HSK examinations before. Students should be alerted to these words, as it's likely that in future examinations, such words and expressions may appear in tests.

Furthermore, polyphonic and polysemic words are organized according to the *Chinese Proficiency Test Syllabus*, offering students clarity on these special words.

In conclusion, we hope this series will be instrumental in aiding students in mastering Chinese vocabulary and achieving success in the HSK examinations.

超高频词汇

生活 shēnghuó *n.* — life

健康生活 / 生活态度 / 在生活中

❶ 生活的味道是酸、甜、苦、辣、咸的。
❷ 生活是什么？不同的人有不同的看法。

之 zhī *part. & pron.* — one of; of

百分之一 / 生活之美 / 中国之声

❶ 爱情是最美好的情感之一。
❷ 失败是成功之母。

与 yǔ *prep. & conj.* — with; and

我与他 / 人与自然 / 国与国 / 与他有关

❶ 研究证明，女孩子们对衣服颜色的选择往往与她们的性格有关。
❷ 手机拉近了人与人之间的距离。

刚 gāng *adv.* — just

刚来 / 刚走 / 刚工作不久

❶ 他刚下飞机。
❷ 不少人刚开始运动时，会感觉十分无聊。

活动 huódòng *n. & v.* — activity; do exercise

做活动 / 体育活动 / 活动身体

❶ "地球一小时"活动是从 2007 年开始的。
❷ 工作半天了,起来活动活动。

而　ér　conj.

小而全 / 笑而不答 / 根据情况而定　`and, but`

❶ 冬天北方比较干燥,而南方更湿润。
❷ 我们不应该为钱工作,而要让钱为我们工作。

获得　huòdé　v.

获得成功 / 获得冠军 / 轻松获得　`gain, get`

❶ 无论成功还是失败,努力过的人都应获得掌声。
❷ 要获得别人的尊重,必须先尊重别人。

坚持　jiānchí　v.

坚持运动 / 坚持下去 / 学会坚持　`insist`

❶ 她每天都坚持写日记。
❷ 要想减肥成功,一定要坚持,不能怕累,否则很难有效果。

方面　fāngmiàn　n.

在生活方面 / 其他方面 /　`aspect, field`
关于环境保护方面

❶ 我想问他几个法律方面的问题。
❷ 我觉得他各方面都很优秀。

发展　fāzhǎn　v. & n.

发展经济 / 发展方向 /　`develop; development`
多方面发展

❶网上购物在中国的发展速度很快。
❷随着科学技术的发展，很多问题已经得到解决。

改变　gǎibiàn　*v.*

改变世界 / 发生改变 / 改变很大　　change

❶他们不得不改变原来的计划。
❷习惯是不容易改变的。

计划　jìhuà　*n.*

做计划 / 一周计划 / 发展计划　　plan

❶我们的任务已经按计划全部完成了。
❷小张，你这份计划书写得不错，就按照这个计划去做市场调查吧。

当　dāng　*v. & prep.*

想当老师 / 当我小时候 /　　serve as; when
当成为父亲后

❶我从小就想当一名记者。
❷当机会到来时，千万不要放手。

方法　fāngfǎ　*n.*

找到方法 / 多种方法 /　　way, solution
解决方法

❶教育孩子要使用正确的方法。
❷正确的减肥方法是按时吃饭，多运动。

经验　jīngyàn　*n.*

工作经验 / 积累经验 /　　experience
根据经验做事

❶您能给我们介绍一下您的成功经验吗?
❷按照经验,人们往往认为夏天应该多穿白色衣服。

考虑 kǎolǜ　*v.*

为别人考虑 / 考虑别人的意见 / 经过认真考虑 — think over, consider

❶批评别人的时候要考虑别人的感受。
❷这个问题我还要再考虑一下。

却 què　*conj.*

爱却不能在一起 / 累却不能放弃 — but

❶虽然她俩是姐妹,性格却很不一样。
❷冬天的乡村虽然寒冷,却充满快乐。

使 shǐ　*v.*

使人满意 / 使社会发展 / 使一切成为可能 — make, let

❶在中国生活的几年使他在音乐方面有了很多新的想法。
❷红色会让人变得热情,使人兴奋。

往往 wǎngwǎng　*adv.*

往往不同 / 往往容易错 — often

❶最好的东西,往往是偶然得来的。
❷经常被鼓励的孩子往往更有信心。

许多 xǔduō　*num.*

许多人 / 许多年 / 好了许多 — many

❶她出了许多汗。

❷许多家公司的年收入都超过了亿元。

| 租 | zū | v. |

租车 / 租金 / 租出去 　　　　　rent

❶马上就要毕业了,你准备在学校附近租房子吗?
❷我现在租的这个房子有点儿吵,我想重新找个房子。

| 最好 | zuìhǎo | adv. |

最好离开 / 最好不见 / 最好别问　　had better

❶你最好别告诉他答案。
❷最好不要直接拒绝别人的邀请。

| 失败 | shībài | n. |

害怕失败 / 失败的结果　　　　　failure

❶失败是成功之母。
❷年轻有很多好处,而最大的好处是可以不怕失败。

| 材料 | cáiliào | n. |

找材料 / 学习材料 /　　　document, material
材料丰富

❶小王,这份材料明天早上就要用,请你翻译一下。
❷这个故事是写小说的好材料。

高频词汇

交流 jiāoliú　　*v.*　　communicate

文化交流 / 互相交流 / 交流工具

① 语言是人们表达看法、交流感情的工具。
② 人与人之间需要交流。

情况 qíngkuàng　　*n.*　　situation

身体情况 / 情况变化 / 了解情况

① 一般情况下,完全适应一个新的工作需要一年时间。
② 人们在没有压力的情况下,往往不想工作。

适合 shìhé　　*v.*　　fit, suit

适合年轻人 / 不太适合 / 适合阅读

① 秋天的北京是最漂亮的,天气很好,十分适合旅游。
② 您皮肤好,这几个颜色的衣服都适合您。

知识 zhīshi　　*n.*　　knowledge

学习知识 / 化学知识 / 许多知识

① 这个节目我一直在看,它介绍了很多生活中的小知识。
② 这些语法知识太难了。

减肥　jiǎnféi　v.

减肥成功 / 减肥效果　　　　　lose weight

① 想减肥就要坚持！
② 减肥不只是为了瘦，更是为了健康。

结果　jiéguǒ　n. & conj.

好结果 / 取结果 / 调查结果　result; as a result

① 你们今天讨论得怎么样？有结果吗？
② 现在很多人做事情的时候只是想着结果，从来都不关心过程。

联系　liánxì　v.

联系客人 / 经常联系 / 电话联系　contact

① 您有什么特别要求或任何不清楚的地方欢迎和我们联系。
② 邀请别人吃饭，至少要提前一天联系。

留　liú　v.

留在学校 / 留住回忆 /　　stay, leave behind
留联系地址

① 很多大学生毕业后希望留在大城市工作。
② 第一印象是指在第一次见面时给别人留下的印象。

能力　nénglì　n.

提高能力 / 获得能力 / 能力水平　ability

① 阅读能力好的人不但容易找到工作，而且工资也比较高。
② 有能力的人可以把复杂的事情变简单，而没能力的人却经常把简单的事情变复杂。

心情　xīnqíng　*n.*

好心情 / 影响心情 / 心情愉快　`mood, feeling`

❶ 狗是一种聪明的动物，它能听懂人的话，明白人的心情。
❷ 科学研究证明，颜色会影响人的心情，不同的颜色会给人带来不同的感情变化。

取　qǔ　*v.*

取东西 / 取回来 / 取得　`take, get`

❶ 您好，我是谢教授的学生，他让我过来取材料。
❷ 如果方法错了，不管你怎么努力，也很难取得成功。

挺　tǐng　*adv.*

挺好的 / 挺有意思的 / 挺讨厌（的）　`quite`

❶ 我挺喜欢现在住的地方，很安静。
❷ 今天天气不错，挺凉快的，我们去公园走走？

直接　zhíjiē　*adj.*

直接回答 / 太直接了 / 直接去　`direct`

❶ 管理者在解决问题时，一定要选择最直接、最有效的方法。
❷ 舞会上最好不要直接拒绝别人的邀请。

植物　zhíwù　*n.*

保护植物 / 多种植物 / 植物园　`plant, vegetation`

❶ 海洋里的植物很少。

高频

❷由于气候条件不同,世界各地植物叶子的样子也很不相同。

专业 zhuānyè *n.*

specialty, major, specialized field

学习专业 / 一门专业 / 专业水平

❶职业和专业并没有太大关系。
❷他报考的是一个热门专业。

通过 tōngguò *prep. & v.*

通过朋友 / 通过考试   through; pass

❶通过收入水平可以了解一个地方的经济情况。
❷我的留学申请通过了。

消息 xiāoxi *n.*

好消息 / 收到消息   news, information

❶这个消息让他非常激动。
❷对记者来说,获得及时准确的消息极其重要。

阳光 yángguāng *n. & adj.*

午后阳光 / 阳光少年   sunshine; sunny

❶我喜欢阳光,因为阳光给了万物生命。
❷喜欢穿白色衣服的女孩子们性格比较阳光,生活态度积极向上是她们的共同特点。

因此 yīncǐ *conj. & adv.*

❶小明从小孤苦伶   thus; consequently

行，因此从小就学会了独立。
❷我们每个人都有责任保护环境，因此，大家要少用塑料袋。

不过　búguò　*conj.*

不过如此 / 不过十二三岁　　　　　　but

❶不过可惜的是，南方很多地方冬天都看不到雪。
❷病人精神还不错，不过胃口不太好。

成功　chénggōng　*n.*

考试成功 / 取得成功 / 成功举办　　success

❶失败是成功之母。
❷成功的语言学习者，在学习方面往往都是积极主动的。

份　fèn　*m.w.*

(measure word for gifts, newspapers, magazines, papers, reports, contracts, etc.)

一份报纸 / 那份礼物 / 复印三份

❶小张，你这份计划书写得不错。
❷请把那张表格打印两份。

各　gè　*pron.*

世界各国 / 各位来宾 / 各种材料 / 各回各家　　each

❶人各有各的位置，各有各的价值，各有各的理念，各有各的世界观、人生观、价值观。
❷人们的性格各不相同。

紧张 jǐnzhāng *adj.*

考试紧张 / 紧张地工作　　　nervous

❶ 弟弟紧张得出了一身汗。
❷ 第一次跟女朋友见面的时候,他紧张极了。

肯定 kěndìng *adv.*

肯定会同意 /　　surely, certainly, definitly
不太肯定

❶ 你复习那么长时间了,肯定没问题。
❷ 世界上有一种药是肯定买不到的,那就是"后悔药"。

辣 là *adj.*

辣味 / 酸辣 / 微辣　　　hot, spicy

❶ 川菜的主要特点是麻和辣。
❷ 这是我同事上午送我的辣白菜。

流行 liúxíng *adj.*

流行音乐 / 流行色　　　popular

❶ 有不少人都喜欢按照流行的标准来穿衣服,打扮自己。
❷ 那是当时最流行的音乐。

缺点 quēdiǎn *n.*

指出缺点 / 改正缺点　　　shortcoming

❶ 我们都有缺点,不可能把每件事都做得很好。
❷ 我们可以从失败中发现自己的缺点。

停　　tíng　　v.

随便停 / 停车 / 停下来 / 停在门口　　stop

❶ 入口处不允许停车。
❷ 雨越下越大,一点儿要停的意思都没有。

幸福　　xìngfú　　adj. & n.

幸福生活 / 获得幸福　　happy; happiness

❶ 新婚快乐!祝你和小马生活幸福,白头到老!
❷ 幸福是件很简单的事情。

语言　　yǔyán　　n.

多种语言 / 语言水平 / 语言能力 / 语言艺术　　language

❶ 语法是语言学习中很重要的一部分。
❷ 许多民族都有自己的语言和文字。

原因　　yuányīn　　n.

找到原因 / 主要原因　　reason

❶ 由于种种原因,她没能当上警察。
❷ 小林向老师说明了迟到的原因。

尊重　　zūnzhòng　　v. & n.

得到尊重 / 尊重他人 / 互相尊重　　respect; respect

❶ 要获得别人的尊重,必须先尊重别人。
❷ 浪费是一种不好的生活习惯,不尊重别人,也不尊重自己。

毕业 bìyè *v. & n.*

graduate from; graduation

毕业照片 / 顺利毕业 / 毕业季

❶ 他大学毕业后成了一名优秀的律师。
❷ 很多大学生希望毕业后留在大城市工作。

教育 jiàoyù *n. & v.*

大学教育 / 教育学生 / 教育质量

education; educate

❶ 阅读考试的分数往往还能反映一个国家的教育水平。
❷ 教育孩子要使用正确的方法。

苦 kǔ *adj.*

苦瓜 / 苦味 / 苦死了

bitter

❶ 回忆过去,有苦也有甜,有伤心、难过,也有幸福、愉快。
❷ 你忘记放糖了吗?这杯咖啡怎么这么苦?

理解 lǐjiě *v. & n.*

理解清楚 / 互相理解 / 阅读理解

understand; understanding

❶ 实际工作能让我更理解书本上的知识。
❷ 握手也是一种交流,可以加深理解和信任。

缺少 quēshǎo *v.*

缺少交流 / 缺少时间 / 从来不缺少

be lack of

❶ 生活中不能缺少理想。
❷ 误会往往是在缺少调查、没听别人解释

的情况下发生的。

沙发　shāfā　n.

一张沙发 / 买沙发 / 旧沙发　　sofa

❶ 他坐在沙发上看杂志。
❷ 他们把沙发抬到外面去了。

收　shōu　v.

收作业 / 收信 / 收邮件　　collect, receive

❶ 你叔叔刚打电话来说给你发了个电子邮件，让你查收。
❷ 收到我寄给你的礼物了吗？

熟悉　shúxī　adj. & v.

熟悉的声音 /　　familiar; be familiar with
熟悉工作 / 对学校很熟悉

❶ 她喜欢给熟悉的人讲笑话。
❷ 那位出租车师傅对这儿非常熟悉。

笑话　xiàohua　n.

一个笑话 / 说笑话　　joke

❶ 他讲的笑话真有意思。
❷ 讲笑话也是一门艺术，能使人发笑是笑话讲得好的主要标准。

性格　xìnggé　n.

性格好 / 活泼的性格 /　　temperament, character
性格特点

❶ 姐妹俩性格差不多。
❷ 我弟弟的性格比较活泼。

压力　yālì　n.

生活压力 / 压力不小 / 父母给的压力　`stress, pressure`

1. 散步能让人减轻压力，变得轻松起来。
2. 当我感觉压力大时，我会去打打羽毛球或者篮球。

支持　zhīchí　v. & n.

感谢父母的支持 / 支持活动 / 技术支持　`support; support`

1. 大部分人支持环保活动。
2. 谢谢大家这一年来对我的支持和帮助。

值得　zhídé　v.

不值得买 / 值得看的电影 / 值得一见　`be worth`

1. 这个项目有很多经验值得我们总结。
2. 这本书写得不错，值得一读。

作用　zuòyòng　n.

起作用 / 积极作用 / 作用很大　`effect, function`

1. 森林对环境有很好的保护作用。
2. 现在网上银行的作用越来越大。

感觉　gǎnjué　v. & n.

感觉很好 / 没有感觉 / 感觉难受　`feel; feeling`

1. 走在海边，感觉很凉快。
2. 这个月的任务完成了，感觉轻松多了。

高频

鼓励　gǔlì　v.

鼓励孩子 / 得到鼓励 / 给人鼓励　　encourage

❶ 在教育孩子时，我们应该少批评，多鼓励。
❷ 鼓励竞争能推动经济发展。

空气　kōngqì　n.

空气干净 / 新鲜空气　　air

❶ 下雨后空气很湿润。
❷ 那儿的空气很干燥。

困难　kùnnan　adj. & n.

遇到困难 / 有困难 / 困难不少　　difficult; dfficulty

❶ 第一印象并不总是正确的，但改变起来却很困难。
❷ 年轻人多经历一些困难并不是坏事。

俩　liǎ　num.

咱俩 / 俩人 / 爷俩　　two

❶ 他们俩经常聊天。
❷ 姐妹俩性格差不多。

麻烦　máfan　adj. & n.

有麻烦 / 麻烦死了 / 给人找麻烦　　trouble; inconvenient

❶ 老黄是个非常热情的人，从来不怕麻烦。
❷ 麻烦并不可怕，可怕的是不去应对。

高频

年龄 niánlíng *n.*

他的年龄 / 年龄的大小 / 学生的年龄　　age

❶ 成功是不会受到年龄限制的。
❷ 有人认为，年龄越大，人就越成熟。

篇 piān *m.w.*

(measure word for article, passage, etc.)
一篇日记 / 一篇文章 / 这一篇

❶ 李教授，这几篇文章您什么时候要?
❷ 那篇文章写得很精彩。

任务 rènwu *n.*

完成任务 / 重要任务 / 任务重　　mission, task

❶ 我想把这个任务交给小李，您看合适不合适?
❷ 我们的任务已经按计划全部完成了。

扔 rēng *v.*

扔掉 / 扔在后面 / 乱扔东西　　throw

❶ 把香蕉皮扔到垃圾桶里去，以后别随便扔东西。
❷ 你要学会像扔垃圾一样把烦恼扔掉。

顺利 shùnlì *adj.*

祝你顺利 / 顺利完成 / 不太顺利　　smooth, without a hitch

❶ 祝你们这次访问一切顺利。
❷ 没有人能一生都顺利，没有失败。

高频

愉快 yúkuài *adj.*

祝你愉快 / 愉快的周末 / 心情愉快　　`happy`

❶ 这是我们超市送您的环保购物袋，祝您购物愉快。
❷ 他们俩聊得很愉快。

招聘 zhāopìn *v. & n.*

招聘服务员 / 招聘广告 / 参加招聘　　`recruit; recruitment`

❶ 银行决定招聘一名高级主管。
❷ 明天上午有个招聘会，你去吗？

只要 zhǐyào *conj.*

❶ 其实，只要我们按照自己的想法去做了，就没什么后悔的。　　`as long as`
❷ 只要自己做得正确，最后自然会得到别人的支持与信任。

质量 zhìliàng *n.*

质量不好 / 保证质量 / 高质量　　`quality`

❶ 有的时候，质量很好的东西也会很便宜。
❷ 网上商店不一定能保证东西的质量。

放弃 fàngqì *v.*

不放弃 / 放弃机会 / 容易放弃　　`give up`

❶ 昨天的放弃决定了今天的选择，今天的选择决定了明天的生活。
❷ 不到最后一刻，千万别放弃。

号码 hàomǎ *n.*

手机号码 / 护照号码 / 忘记号码 `number`

❶ 你们公司的传真号码是多少？
❷ 她把电话号码记在笔记本上了。

教授 jiàoshòu *n.*

副教授 / 大学教授 `professor`

❶ 张教授对学生要求很严格。
❷ 教授竟然放弃了这次机会。

可是 kěshì *conj.*

❶ 我记得上次关教授把他的手机 `but`
号码给我了，可是不知道写哪儿了。
❷ 登山虽然很累，可是大家心情很愉快。

理想 lǐxiǎng *n.*

有理想 / 孩子的理想 / 理想世界 `ideal, dream`

❶ 我的理想就是做一个像父亲那样的医生。
❷ 生活中不能缺少理想。有理想的人知道
自己前进的方向。

气候 qìhòu *n.*

当地气候 / 气候好 / 气候变化 `climate`

❶ 你觉得北方和南方在气候上有什么区别？
❷ 我还不习惯北方的气候，估计是天气太
干燥。

通知 tōngzhī *v. & n.*

通知老师 / 发通知 / 一份通知 `inform; notice`

❶ 小张，原定后天上午的会改在明天下午

两点了，你通知一下其他人。
❷我刚刚接到通知，明天要出差，恐怕没时间和您见面了。

完全　wánquán　*adv.*

完全了解 / 完全不一样 / 不完全喜欢　totally

❶一般情况下，完全适应一个新的工作需要一年时间。
❷他们俩的看法完全相反。

演出　yǎnchū　*n.*

一场演出 / 精彩的演出 /　performance
参加演出 / 演出安排

❶你去看吧，听说这次演出邀请了许多著名的演员，很精彩的。
❷昨晚的演出很精彩。

邀请　yāoqǐng　*n. & v.*

正式邀请 / 一份邀请 /　invitation; invite
邀请别人

❶我向她发出邀请，但她拒绝了。
❷她邀请我一块儿去打网球。

出发　chūfā　*v.*

准备出发 / 出发时间 /　set out
从北京出发 / 向幸福出发

❶如果顺利的话，下个月就可以出发了。
❷接到命令，部队立即出发。

观众 guānzhòng *n.*

全国观众 / 热情的观众 / 观众调查 `audience`

❶ 各位观众，大家晚上好。
❷ 观众们都站起来为他鼓掌。

过程 guòchéng *n.*

学习过程 / 在过程中 / 全部过程 `process`

❶ 生、老、病、死是一个极其自然的过程。
❷ 参观过程中请大家注意安全。

加班 jiābān *v.*

不想加班 / 加一会儿班 / 加班费 `work overtime`

❶ 小王今天要加班。
❷ 真抱歉，明天我得加班，不能陪你去购物了。

接受 jiēshòu *v.*

接受邀请 / 完全接受 / 不能接受失败 `accept`

❶ 青年人容易接受新鲜事物。
❷ 改变能改变的，接受不能改变的。

解释 jiěshì *v.*

解释原因 / 解释清楚 / 很难解释 `explain`

❶ 有些事情是科学无法解释的。
❷ 失败的时候，不要先忙着为自己解释。

经济 jīngjì *n.*

经济水平 / 发展经济 / 市场经济 `economy`

❶ 发展经济不能以牺牲环境为代价。

高频

❷判断经济水平不能光看收入。

拒绝　　jùjué　　v.

拒绝不了 / 拒绝参观 / 礼貌地拒绝　　refuse

❶害怕失败，就等于拒绝成功。
❷有能力的人往往会拒绝别人的帮助。

生意　　shēngyi　　n.

做生意 / 一门生意 / 生意不错　　business

❶那家饭馆儿的生意很好。
❷他这些年做生意赚了不少钱。

提前　　tíqián　　v.

提前准备 / 提前通知 / 提前一会儿　　do sth. in advance

❶下一站就要到了，请下车的乘客提前做好准备。
❷为了提前完工，工人们夜以继日地工作着。

温度　　wēndù　　n.

温度低 / 温度变化 / 温度计　　temperature

❶南方很多地方的冬天一点儿也不冷，温度跟北方春天差不多。
❷山上的温度会随着高度的增加而降低，山越高气温越低。

详细　　xiángxì　　adj.

内容详细 / 详细说明　　detailed

❶我们回去就开会讨论，星期五之前把详细的计划书发给您。

❷这个传真机的说明书写得很详细。

咱们　zánmen　*pron.*　　we, us

❶咱们去公园吧!
❷咱们一起去看电影吧。

重视　zhòngshì　*v.*

重视历史 / 不够重视　　attach importance to sth., value

❶我觉得要重视平时的积累,要多向周围的人学习。
❷领导非常重视这次会议。

座位　zuòwèi　*n.*

留座位 / 选择飞机座位 / 座位安排　　seat

❶你好,我想要一个窗户旁边的座位,还有吗?
❷这儿的座位恐怕不够吧? 要不要换到旁边的那个教室?

遍　biàn　*m.w. & v.*

很多遍 / 听一遍 / 走遍全国　　time; all over

❶一个简单的动作,教练让我们练二三十遍。
❷他去了亚洲许多国家,尝遍了各地的美食。

导游　dǎoyóu　*n.*

一名导游 / 当导游 / 好导游　　tour guide

❶我姓李,是各位的导游。
❷你能帮我请一个当地的导游吗?

底　　dǐ　　n.

河底 / 杯底 / 年底　　bottom, end of a year or month

❶ 河水清澈见底。
❷ 临近年底，到处张灯结彩，迎接新年的到来。

发生　　fāshēng　　v.

经常发生 / 发生变化 / 发生在中国的故事　　happen

❶ 笔记本电脑使人们的生活发生了很大的变化。
❷ 不管遇到什么问题，发生什么事情，都要好好爱自己。

法律　　fǎlǜ　　n.

中国法律 / 符合法律 / 法律专业　　law

❶ 这么做完全符合国家的法律规定。
❷ 那个法律节目很受欢迎。

丰富　　fēngfù　　v. & adj.

内容丰富 / 十分丰富 / 丰富的文化活动　　enrich; rich

❶ 互联网极大地丰富了现代人的精神生活。
❷ 他经验比较丰富，并且做事认真。

复杂　　fùzá　　adj.

复杂的问题 / 情况复杂　　complicated

❶ 西红柿鸡蛋汤的做法很简单，一点儿也不复杂。

❷密码不能太复杂,也不能太简单,否则不安全。

够　gòu　*adj.*

不太够 / 够多的 / 够吃了　　enough

❶只记字典、词典里的字、词是不够的,要多听多说。
❷爱情确实是结婚的重要原因,但仅有爱情是不够的。

光　guāng　*adv.*

光说不练 / 吃光菜 / 花光钱　　only

❶我不光会唱歌,还会弹钢琴。
❷树上的叶子已经掉光了。

广告　guǎnggào　*n.*

做广告 / 广告公司 / 汽车广告　　advertisement

❶如果想赚钱,就必须扩大市场,而广告是最有效的方法。
❷我喜欢读这份报纸,因为它的内容丰富,而且广告少。

看法　kànfǎ　*n.*

表达看法 / 一种看法 /
对这件事的看法　　opinion

❶生活是什么?不同的人有不同的看法。
❷语言是人们表达看法、交流感情的工具。

浪漫　làngmàn　*adj.*

喜欢浪漫 / 浪漫的故事 / 浪漫极了　　romantic

高频

❶喜欢红色衣服的女孩子们性格比较浪漫。
❷真正的爱情不需要浪漫。

批评　pīpíng　　n. & v.

接受批评 / 批评孩子 / 批评教育　　criticism; criticize

❶在教育孩子的过程中，父母的鼓励比批评更重要。
❷批评人的时候要考虑用正确的方法。

使用　shǐyòng　　v.

小心使用 / 使用说明 / 使用工具　　use

❶人和动物的最重要的区别就在于人能够制造和使用劳动工具。
❷地球上的资源是有限的，所以我们要合理使用，不能浪费。

误会　wùhuì　　n. & v.

misunderstanding; misunderstand
一场误会 / 避免误会 / 误会别人

❶他们俩之间有一些误会。
❷看起来，这件事确实是我误会他了。

效果　xiàoguǒ　　n.

学习效果 / 广告效果 / 没有效果　　effect, result

❶打针比吃药效果好。
❷咱家的冰箱太旧了，制冷效果不好，我想买个新的。

意见　yìjiàn　　n.

提供意见 / 对公司的意见 / 重要意见　　opinion

❶以上是这次活动的计划，看看大家还有什么意见。
❷爷爷想听听马大夫的意见。

脏 zāng *adj.*

脏衣服 / 又脏又乱 / 弄脏　　　　　dirty

❶不试了，白色的容易脏，还是黑色的好。
❷衣服脏了，脱下来洗洗吧。

总结 zǒngjié *v.*

从工作中总结 / 总结经验 /　　　　summarize
及时总结

❶老人总是喜欢往回看，回忆、总结自己过去的经历。
❷我们可以从失败中总结出有用的经验。

高频

中频词汇

大夫 dàifu n.

王大夫 / 请大夫 / 看大夫 **doctor**

① 王大夫医术高明,深得人们的尊重。
② 我前几天耳朵一直不太舒服,所以昨天请了个假,去看大夫了。

好处 hǎochù n.

对人有好处 / 减肥的好处 / 好处多 **benefit, advantage**

① 多吃蔬菜水果对身体有好处。
② 听听流行音乐对老年人也是很有好处的。

合适 héshì adj.

不太合适 / 大小合适 / 合适的衣服 **suitable, fitting**

① 你试一下,看看合适不合适。
② 帮我看看,我穿哪条裙子合适?

积累 jīlěi n. & v.

重视积累 / 积累经验 / 逐渐积累 **accumulation; accumulate**

① 天才在于积累,聪明在于勤奋。
② 在这儿我学到了很多知识,也积累了很多经验,希望将来还能有机会和大家一起学习。

记者 jìzhě *n.*

一名记者 / 新闻记者 / 当记者 — reporter, journalist

❶ 记者是我最喜欢的职业，我从小就想当一名记者。
❷ 我是校报的记者，写过一些新闻报道。

将来 jiānglái *n.*

将来的事 / 不久的将来 / 现在与将来 — future

❶ 将来会发生什么事情，谁也猜不到。
❷ 将来的路还很长，只要不放弃，完全有机会重新再来。

交通 jiāotōng *n.*

交通工具 / 公共交通 / 交通警察 — transportation

❶ 这段时间来丽江的话，无论交通还是吃、住都是最便宜的。
❷ 飞机被认为是最安全的交通工具。

恐怕 kǒngpà *v. & adv.*

恐怕不同意 / 恐怕来不及 — be afraid; probably

❶ 明天要出差，恐怕没时间和您见面了。
❷ 对不起，我恐怕爱莫能助了。

签证 qiānzhèng *n.*

办签证 / 换签证 / 签证材料 — visa

❶ 明天就要去使馆办签证了，邀请信竟然还没寄到，这可怎么办？
❷ 我现在去大使馆办签证。

中频

十分　shífēn　*adv.*

十分美丽 / 十分快乐 / 十分满意　**very, extremely**

❶ 江水不断地冲洗着岸边的岩石，把岩石冲刷得十分光洁。
❷ 那个消息让他十分吃惊。

适应　shìyìng　*v.*

适应环境 / 适应新生活 / 比较适应　**adapt to**

❶ 汤姆来中国好几年了，已经适应这里的生活了。
❷ 不要总是想着去改变你身边的人，要学会去适应别人。

收入　shōurù　*n.*

收入低 / 高收入 / 月收入 / 工作收入　**income**

❶ 我的收入逐年增加。
❷ 他的收入来源是出租房屋。

说明　shuōmíng　*n. & v.*

使用说明 / 说明情况　**explanation, instruction; explain**

❶ 请严格按照说明服药。
❷ 医生向病人家属如实说明了病情。

速度　sùdù　*n.*

速度慢 / 最快速度 / 汽车的速度　**speed**

❶ 快到站了，列车放慢了速度。
❷ 现在火车的速度非常快，有时乘坐火车甚至比乘坐飞机更节约时间。

态度　tàidù　*n.*

态度好 / 工作态度 / 对学生的态度　attitude

❶ 这家酒店的服务态度特别好。
❷ 幽默是成功者的共同特点之一，也是值得现代人好好学习的一种生活态度。

特点　tèdiǎn　*n.*

性格特点 / 有特点 / 总结特点　characteristic, feature

❶ 湖南菜的特点就是辣。
❷ "外号"是根据一个人的特点给他起的不太正式的名字，常常带有开玩笑的意思。

小说　xiǎoshuō　*n.*

爱情小说 / 写小说 / 小说家　novel

❶ 那本小说的作者很有名。
❷ 这个小说讲的是一个普通警察的爱情故事。

信心　xìnxīn　*n.*

没有信心 / 信心满满 / 对考试有信心　confidence

❶ 年轻人最重要的是要对自己有信心。
❷ 在困难面前，要鼓起勇气，增强信心。

钥匙　yàoshi　*n.*

汽车钥匙 / 一把钥匙 / 带钥匙　key

❶ 钥匙在书包里。
❷ 儿子把行李箱的钥匙弄丢了。

幽默　yōumò　*adj.*

幽默小故事 / 懂幽默 / 幽默表达　`humorous`

❶ 他一点儿也不幽默，约会的时候真无聊。
❷ 幽默的人更容易交到朋友。

正好　zhènghǎo　*adv.*

来得正好 / 正好合适 / 正好要说　`just`

❶ 我跟你的看法正好相反。
❷ 我回家正好经过这里，就顺便拿来了。

表示　biǎoshì　*v.*

表示感谢 / 点头表示同意　`express, show`

❶ 我代表学校向同学们表示祝贺！
❷ 我们常用"一问三不知"来表示一个人什么都不知道。

差不多　chàbuduō　*adv. & adj.*

个子差不多 / 差不多高 / 差不多等两小时　`almost; similar`

❶ 爷爷差不多每个月都带我去看一次京剧。
❷ 兄弟俩身高差不多。

抽烟　chōuyān　*v.*

不能抽烟 / 抽烟有害健康 / 禁止抽烟　`smoke`

❶ 请问，附近有可以抽烟的地方吗？
❷ 抽烟对身体没有好处。

打折　dǎzhé　*v.*

打八折 / 不打折 / 正在打折　`give a discount`

❶ 去年春天打折的时候我给他买了几件

衣服。
❷春天，冬装就会打折，质量很好，也很便宜。

戴 dài v.

戴上帽子／戴眼镜／戴上手表　　`wear`
❶出门时最好带上伞或者戴上帽子。
❷穿戴整齐表示你对面试官的尊重。

调查 diàochá v.

调查结果／仔细调查／调查一下　　`investigate`
❶小张的调查结果写得很好。
❷大火已经扑灭，失火的原因正在调查。

肚子 dùzi n.

大肚子／肚子疼／肚子饿　　`belly, abdomen`
❶打了一下午羽毛球，肚子有点儿饿了。
❷他觉得肚子有点儿难受。

父亲 fùqin n.

一位父亲／朋友的父亲／老父亲／父亲节　　`father`
❶我父亲是医生，母亲是演员。
❷人一生最幸福的事情是有父亲母亲的爱和保护。

估计 gūjì v.

估计可以／估计不行／估计数量　　`estimate`
❶今年的粮食产量估计会超过去年。
❷咱公司附近估计没有太便宜的房子。

顾客　　gùkè　　*n.*

一位顾客 / 顾客满意 / 吸引顾客　　`client, customer`

① 这是一个关于顾客和售货员的笑话。
② 每到换季或者节假日的时候,各大商场都会举办一些打折活动来吸引顾客。

挂　　guà　　*v.*

挂上画 / 挂上墙 / 挂在嘴边 / 倒挂　　`hang`

① 他想把画挂在墙上。
② 有些人经常把"明天"和"将来"挂在嘴边。

海洋　　hǎiyáng　　*n.*

海洋环境 / 海洋气候 / 海洋植物　　`ocean`

① 海洋里的植物很少。
② 海洋底部看起来非常安静。

好像　　hǎoxiàng　　*v.*

好像病了 / 好像老朋友　　`seem, be like`

① 这道数学题的答案好像错了。
② 快乐的人好像太阳,走到哪里,哪里就有阳光。

后悔　　hòuhuǐ　　*v.*

不后悔 / 后悔的经历 / 吃后悔药　　`regret`

① 许多人都有过后悔的经历。
② 平时要注意锻炼,别等身体出问题了才后悔。

互相　hùxiāng　*adv.*

互相帮助 / 互相学习　　each other, mutually

❶ 事情的原因和结果往往是互相联系的。
❷ 感冒时，最好只选择一种感冒药，否则药物之间可能互相作用，会影响我们的健康。

积极　jījí　*adj.*

积极参加 / 态度积极 / 积极作用　　active, positive

❶ 做事成功的起点，是有一个积极的心态。
❷ 我希望有兴趣的同学积极报名参加。

及时　jíshí　*adv. & adj.*

及时整理 / 完成得很及时　　in time; timely

❶ 如果感冒了，要及时去医院。
❷ 上完课要及时整理笔记。

减少　jiǎnshǎo　*v.*

减少一点儿 / 减少加班 / 收入减少　　reduce

❶ 由于干旱，今年的粮食产量减少了。
❷ 限制使用塑料袋是为了减少污染。

饺子　jiǎozi　*n.*

一盘饺子 / 猪肉饺子 / 包饺子　　dumpling

❶ 北方人爱吃饺子，因为饺子味道鲜美。
❷ 在中国，饺子深受大家喜爱。

进行　jìnxíng　*v.*

进行比赛 / 正常进行　　conduct, proceed

❶同学们在超市进行了调查。
❷生活往往不会按照我们的计划来进行。

京剧　　jīngjù　　n.

看京剧 / 听京剧 / 京剧演出　　Beijing Opera

❶爷爷对京剧非常感兴趣。
❷京剧一直很受欢迎。

经历　　jīnglì　　v. & n.

经历失败 / 成功经历 /　　go through; experience
工作经历 / 每一次经历

❶人都会经历失败。
❷那次经历，我至今还记忆犹新。

精彩　　jīngcǎi　　adj.

十分精彩 / 精彩的比赛 /　　brilliant, splendid
演得很精彩

❶那篇文章写得很精彩。
❷刚才的演出真的很精彩。

内容　　nèiróng　　n.

学习内容 / 丰富精彩的内容 /　　content
主要内容

❶这次会议的主要内容是讨论义务教育问题。
❷京剧的内容大多是历史故事。

内　　nèi　　n.

楼内 / 房间内 / 一年内 /　　inside, within
工作时间内

① 现在我们店内的衣服都打折，您看看有什么需要的？
② 如果一个星期内发现有任何质量问题，我们都可以免费为您换。

陪 péi　v.

陪人参观 / 陪一会儿 / 不需要陪　　`accompany`

① 昨天，妻子让我陪她去买一双鞋。
② 我打算陪叔叔去长城看看。

脾气 píqi　n.

脾气坏 / 好脾气 / 发脾气　　`temper`

① 王教授脾气很大。
② 很多时候孩子发脾气是为了得到一些好处。

破 pò　adj.

破房子 / 窗户破了 / 敲破　　`broken, damaged`

① 鸡蛋被打破了。
② 那个白色的盒子又脏又破。

轻松 qīngsōng　adj.

轻松快乐 / 轻松的工作 / 放轻松　　`relaxed`

① 这个工作对他来说很轻松。
② 散步能让人减轻压力，变得轻松起来。

确实 quèshí　adv.

确实是这样 / 确实没错 / 确实有问题　　`indeed, really`

① 科学技术的发展确实给生活带来了许多

方便，但也给我们增加了不少烦恼。
❷小关的脾气有时候确实挺差的。

任何　rènhé　*pron.*

任何困难／　　　　　any, whatever, whichever
任何事情／任何人／任何时间

❶我们遇到任何事，都要冷静面对。
❷有了互联网，任何消息都可以在第一时间和全世界的人们直接交流。

伤心　shāngxīn　*adj.*

伤心极了／伤心的故事／　sad, broken-hearted
有点儿伤心

❶她今天看上去很伤心。
❷每当我伤心难过的时候，他总是有办法让我高兴起来。

申请　shēnqǐng　*v. & n.*

提交申请／申请通过／　apply; application
留学申请

❶因为要申请去国外留学，她最近特别忙。
❷张律师，这份申请材料要复印几份？

受到　shòudào　*v.*

受到批评／受到影响／　receive
受到公司的重视

❶小刘受到了表扬。
❷尊重别人的人，同样也会受到别人的尊重。

讨论　tǎolùn　*n. & v.*

讨论的内容 / 讨论事情 / 一起讨论　　discussion; discuss

❶ 他说的问题超出了今天讨论的范围。
❷ 他们正在讨论那个计划。

提醒　tíxǐng　*v. & n.*

及时提醒 / 提醒大家 / 提醒一下　　remind; reminder

❶ 雨下得真大，多亏你提醒我带把伞。
❷ 谢谢您的提醒，差点儿忘记了，我现在就吃药。

味道　wèidao　*n.*

多种味道 / 味道一般 / 熟悉的味道　　flavor, taste

❶ 新上市的桃子颜色鲜艳，味道甘甜。
❷ 你尝一尝，味道很好。

文章　wénzhāng　*n.*

写文章 / 一篇文章 / 有趣的文章　　article, essay

❶ 你要的那篇文章我已经翻译好了，你什么时候来取？
❷ 这篇文章主要谈中国教育。

无聊　wúliáo　*adj.*

无聊死了 / 无聊的小说 / 讲得无聊　　dull, boring

❶ 空虚无聊的时候就读书吧，读书会让你受益匪浅。

中频

❷每个人都需要朋友，离开朋友，我们的生活肯定会非常无聊。

吸引　xīyǐn　v.

互相吸引 / 吸引年轻人 / 吸引力　　`attract`

❶世界上第一部无声电影在当时吸引了成千上万的观众。
❷举世闻名的万里长城吸引了无数游客。

演员　yǎnyuán　n.

一名演员 / 当演员 / 专业演员　　`actor, actress`

❶演员们高超的演技令观众们赞叹不已。
❷那位著名的演员深受观众的喜爱。

养成　yǎngchéng　v.

养成习惯 / 逐渐养成　　`form, foster`

❶我从小就养成了写日记的习惯。
❷所有的习惯都是慢慢养成的。

赢　yíng　v.

输赢 / 赢得奖金 / 打赢比赛　　`win`

❶只有懂得放弃和学会选择的人，才能赢得精彩的生活。
❷在昨天的羽毛球男子双打比赛中，小马和小张最后赢得了比赛。

真正　zhēnzhèng　adj.

真正的感情 / 真正喜欢 / 真正目的　　`real, genuine`

❶真正的爱情不需要浪漫。

❷是不是流行不重要，真正适合自己的才是最好的。

指　zhǐ　v.

指一指 / 指出来 / 指出问题　refer to, point to

❶发现问题要及时指出来。
❷怎么走？你给我指一下路吧。

爱情　àiqíng　n.

爱情经历 / 遇到爱情 / 浪漫的爱情　love (between man and woman)

❶爱情是人类最美好的感情之一。
❷爱情是文学永恒的主题。

按时　ànshí　adv.

按时吃饭 / 按时上班 / 没按时交作业　on time

❶我保证按时完成任务。
❷飞机没按时起飞。

抱歉　bàoqiàn　adj.

十分抱歉 / 感到抱歉　be sorry

❶实在抱歉，我来晚了。
❷很抱歉，等我回来以后再跟您联系。

表演　biǎoyǎn　v. & n.

表演节目 / 精彩的表演 / 一场表演　perform; performance

❶他是一位著名的演员。有一次，一个地方举行一个比赛，看谁表演得更像他。
❷你们的表演非常精彩！

不仅　bùjǐn　*conj.*

not only

① 老师不仅教我们知识，还教我们做人。
② 不仅许多公司有网站，而且很多人都有自己的网站。

大概　dàgài　*adv.*

大概情况 / 大概了解　approximately, probably

① 对于她最近的情况，我只了解个大概。
② 我很久以前读过这本书，现在只记得大概内容。

掉　diào　*v.*

掉在地上 / 掉东西 / 掉光头发　drop, fall

① 日记本掉桌子下面了。
② 秋天到了，一片片树叶从树上掉下来。

丢　diū　*v.*

丢东西 / 弄丢 / 随便丢　lose

① 孩子说刚才不小心丢了钱包。
② 丢了就丢了吧，毕竟也不是什么值钱的东西。

对面　duìmiàn　*n.*

对面的人 / 学校对面 / 坐在对面　opposite side

① 前面那儿有个银行，银行对面有一个小超市。
② 对面戴眼镜的那个人你认识吗？

烦恼 fánnǎo *n.*

遇到烦恼 / 减少烦恼 / 成长的烦恼   trouble, annoyance

❶ 生活中总会有烦恼。
❷ 难过、无聊的人只能给人增加烦恼。

方向 fāngxiàng *n.*

东南方向 / 找方向 / 努力的方向 / 发展方向   direction

❶ 大雾让我们迷失了方向。
❷ 一般情况下,飞机起飞的方向是和风向相反的。

感情 gǎnqíng *n.*

感情丰富 / 表达感情 / 复杂的感情   emotion, feeling

❶ 世界上有三种感情:亲情、友情和爱情。
❷ 当地少数民族习惯用歌声来表达感情。

购物 gòuwù *v.*

轻松购物 / 购物网站 / 购物方便   go shopping

❶ 这是我们超市送您的环保购物袋,祝您购物愉快。
❷ 网上购物在中国的发展速度很快,并且范围和影响力也都在继续扩大。

逛 guàng *v.*

逛商场 / 逛逛公园 / 逛一会儿   stroll, roam

❶ 妻子希望丈夫陪她逛街。
❷ 你应该和朋友聊聊天儿,逛逛商场,这

中频

样你很快就会好起来的。

汗　hàn　*n.*

出汗 / 流汗 / 一身汗　　　sweat

❶她出了许多汗。
❷弟弟紧张得出了一身汗。

即使　jíshǐ　*conj.*

❶在我们南方,即使冬天　　even though
也很少下雪。
❷即使是完全不认识的路人,相互一笑也
能拉近距离。

寄　jì　*v.*

寄东西 / 寄过来 / 给朋友寄礼物　send, post

❶我准备给你寄几本书。
❷你帮我把这两本杂志今天就寄出去,这
是地址。

价格　jiàgé　*n.*

问价格 / 价格太高 / 价格合适　　price

❶这台笔记本电脑的价格太贵了,我恐怕
买不起。
❷这个包样子很好看,价格也还可以。

节约　jiéyuē　*v.*

节约用水 / 学会节约　　save, economize

❶无论做什么事都要注意方法,正确的方
法可以帮我们节约时间。
❷这使得我们养成了节约的习惯。

距离 jùlí *n.*

远距离 / 拉开距离 / 很大的距离　　distance

❶她家和学校距离太远,孩子上学不方便。
❷手机拉近了人与人之间的距离。

科学 kēxué *n.*

一门科学 / 科学知识 / 自然科学　　science

❶科学研究证明,颜色会影响人的心情。
❷有些事情是科学无法解释的。

免费 miǎnfèi *adj.*

免费阅读 / 全部免费　　free of charge

❶我们现在正举办免费试用活动。
❷火车上提供免费的饮料吗?

民族 mínzú *n.*

少数民族 / 多民族国家　　ethnic group, nation

❶全国各民族友好相处,共同创造美好生活。
❷每个民族都有不同的习俗和文化,许多民族都有自己的语言和文字。

弄 nòng *v.*

do, make, get sb./sth. into a specified condition
弄错 / 弄明白 / 弄懂 / 弄掉

❶我们都要弄清楚自己想要的是什么。
❷她说话时拨弄着她的耳环。

平时 píngshí *n.*

平时上课 /　　normal times, usual days

中频

平时的努力 / 在平时生活中

① 我们年底有活动，正在打折，比平时便宜很多。
② 平时注意观察事物，写作文时就不会感到为难了。

师傅　shīfu　*n.*

李师傅 / 司机师傅 / 一位师傅　　master

① 师傅领进门，修行在个人。
② 黄师傅对我们要求非常严格。

污染　wūrǎn　*v.*

水污染 / 减少污染 / 污染环境　　pollution; pollute

① 造纸厂排出的污水污染了河流。
② "绿色食品"，就是指那些没有受到污染的、优质的、安全的食品。

相反　xiāngfǎn　*adj.*

相反的结果 / 意见相反 / 完全相反　　opposite, contrary

① 他们俩的看法完全相反。
② 有时候，实验结果与推测正好相反。

艺术　yìshù　*n.*

音乐艺术 / 艺术活动 / 艺术家　　art

① 这次电影艺术节也许会在北京举行。
② 管理是一门艺术，只是批评不会有好的效果。

引起　yǐnqǐ　*v.*

引起关注 / 引起重视 / 可能引起　　*cause, arouse*

❶这篇报道没有引起人们的关注。
❷燃气爆炸引起了火灾。

杂志　zázhì　*n.*

读杂志 / 杂志记者 / 体育杂志　　*magazine*

❶他坐在沙发上看杂志。
❷我每年都订阅好几种杂志。

增加　zēngjiā　*v.*

增加数量 / 不停增加　　*increase*

❶这个城市决定增加出租车的数量。
❷政府增加了对教育的投入。

职业　zhíyè　*n.*

职业演员 / 一种职业 / 理想的职业　　*profession*

❶他的职业是演员。
❷青年人要做好职业规划。

并且　bìngqiě　*conj.*

❶它开的花比普通的花大很多,并且特别香。　　*and, furthermore*
❷地铁速度快,并且不会堵车。

场　chǎng　*m.w.*

(mesure word for stage, scene, sporting or recreational activities, etc.)

一场演出 / 一场考试 / 大笑一场

① 今天晚上有一场舞会，你参加吗？
② 下星期首都体育馆有场羽毛球比赛。

诚实　chéngshí　*adj.*

诚实的人 / 非常诚实 / 做人诚实　`honest`

① 他很诚实，从来不说假话。
② 他的优点是有礼貌、诚实、能吃苦。

激动　jīdòng　*adj.*

让人激动 / 心情激动　`excited`

① 这个消息让他非常激动。
② 她母亲激动得哭了。

家具　jiājù　*n.*

制作家具 / 买家具 / 高级家具　`furniture`

① 这房子家具全，电视、空调、冰箱都有并且都很新。
② 服务员把家具擦得很干净。

警察　jǐngchá　*n.*

交通警察 / 当警察 / 警察局　`police`

① 一个合格的警察最需要的是责任感。
② 她是我的同学，从小就想成为一名警察。

开玩笑　kāi wánxiào

开别人的玩笑 /
跟别人开（一）个玩笑　`play a joke`

① 真的假的？你是在开玩笑骗我吧？
② 好几年没见，你还是这么爱开玩笑。

来不及　láibují

there's not enough time (to do sth.), it's too late (to do sth.)

来不及走 / 来不及回答 / 已经来不及了

① 快来不及了，我们打车过去吧？
② 时间太仓促，我们来不及一一道别了。

来得及　láidejí

来得及说 /
还来得及

there's still time (to do sth.)

① 你刚上高中二年级，现在用功还来得及。
② 你现在改邪归正还来得及，不要执迷不悟了。

理发　lǐfà　v. & n.

理短发 / 一位理发师 /
一家理发店

have a haircut; haircut

① 他喜欢去那儿理发。
② 你知道附近哪儿有理发店吗？

厉害　lìhai　adj.

疼得厉害 / 厉害的人 /
厉害极了

severe, awesome

① 你怎么咳嗽得越来越厉害了？吃药了吗？
② 她打网球很厉害。

凉快　liángkuai　adj.

非常凉快 / 凉快的天气 / 感觉凉快

cool

① 一到立秋，天气就凉快了。
② 最近天气越来越凉快，树上的叶子也都

慢慢变黄了。

母亲　mǔqīn　*n.*

一位母亲 / 母亲节 / 母亲的爱　　mother

❶妈妈，祝您母亲节快乐！
❷母亲是世界上最伟大的人。

耐心　nàixīn　*n. & adj.*

有耐心 / 耐心一点儿 /　　patience; patient
耐心回答

❶这个事情比较繁琐，需要耐心。
❷只教一次是不可能让他马上就记住的，应该耐心地一遍一遍地教给他。

散步　sànbù　*v.*

跟家人散步 / 散散步 /　　take a walk
散一会儿步

❶晚饭后，一家人一起出去散散步，是一件很幸福的事情。
❷散步是生活中最简单易行的锻炼方法。

随便　suíbiàn　*adj. & v.*

随便穿 / 性格随便　　casual; do as one pleases

❶去面试的时候衣服要穿得正式一些，不能太随便。
❷说出去的话很难收回。因此，生气时不要随便说话。

所有　suǒyǒu　*adj.*

所有学生 / 所有事情 / 所有一切　　all

❶浪费时间是所有支出中最昂贵的。
❷这个消息让所有人都大吃一惊。

提供　　tígōng　　*v.*

提供帮助 / 提供热水 / 按时提供　　provide

❶这椅子是专为老年人提供的。
❷超市提供免费塑料袋。

推迟　　tuīchí　　*v.*

航班推迟 / 推迟比赛 / 不得不推迟　　delay

❶大家都同意把招聘会推迟到下个月。
❷由于天气原因,所有航班都要推迟起飞。

网球　　wǎngqiú　　*n.*

网球比赛 / 打网球 / 网球运动员　　tennis

❶他想参加网球比赛。
❷今天阳光这么好,我们一起去打网球吧。

网站　　wǎngzhàn　　*n.*

做网站 / 购物网站 / 网站介绍　　website

❶由于访问人数过多,这个网站瘫痪了。
❷人们可以在任何时间去网站上购买自己喜欢的东西。

辛苦　　xīnkǔ　　*adj.*

辛苦的事 / 辛苦工作 / 辛辛苦苦　　hard, exhausting

❶妻子当上经理后,工作比以前更辛苦了。
❷学跳舞是一件很辛苦的事。

兴奋 xīngfèn *adj.*

让人兴奋 / 兴奋的心情 / 兴奋极了 `excited`

① 牛看到红色就异常兴奋。
② 哥哥兴奋得睡不着觉。

勇敢 yǒnggǎn *adj.*

勇敢的心 / 勇敢的选择 / 非常勇敢 `brave`

① "冬天到了,春天还会远吗?"这句话很浪漫,代表了一种积极、勇敢的精神。
② 只要勇敢地向前走,就能看到希望。

友谊 yǒuyì *n.*

一份友谊 / 真正的友谊 / 友谊万岁 `friendship`

① 为我们的友谊干杯。
② 中国人常说:"友谊第一,比赛第二。"

有趣 yǒuqù *adj.*

非常有趣 / 有趣的故事 / 讲得有趣 `interesting`

① 那个导游讲的笑话都很有趣。
② 她很活泼,说话很有趣,总能给我们带来快乐,我们都很喜欢和她在一起。

阅读 yuèdú *n. & v.*

阅读水平 / 阅读文章 / 认真阅读 `reading; read`

① 阅读习惯是要从小培养的。
② 孩子们正在认真阅读课文。

整理 zhěnglǐ *v.*

整理房间 / 整理材料 / 整理干净 `tidy up, arrange`

中频

① 那个房间又脏又乱，星期六我去打扫、整理了一下。
② 儿子的复习笔记整理得很详细。

周围 zhōuwéi *n.*

周围的环境 / 学校周围　around, surroundings

① 湖的周围是连绵起伏的山峰。
② 我以前住的地方，虽然交通方便，但是周围很吵。

仔细 zǐxì *adj.*

做事仔细 / 仔细阅读 / 看仔细　careful

① 人生像是一盘棋，需要仔细斟酌。
② 不管做什么事情，都应该认真、仔细，不能马虎。

安排 ānpái *v. & n.*

安排工作 / 详细安排 / 活动安排　arrange; arrangement

① 我会再安排两个人帮助你。
② 晚上有什么安排吗？

安全 ānquán *n. & adj.*

食品安全 / 注意安全 / 十分安全　safety; safe

① 参观过程中请大家注意安全。
② 飞机被认为是最安全的交通工具。

按照 ànzhào *prep.*

按照法律 / 按照计划　according to

① 按照以往的经验，这个问题不难解决。

❷只要按照计划执行,很快就能完成任务。

保护 bǎohù　　n. & v.

保护环境 / 保护作用 / 保护好　　protection; protect

❶森林对环境有很好的保护作用。
❷夏季要特别注意保护皮肤。

本来 běnlái　　adv.

❶我本来想昨天晚上就通知你的。　　originally, at first
❷他的学习本来很好,由于迷上了电子游戏,现在退步了。

标准 biāozhǔn　　n.

国家标准 / 主要标准 / 标准严格　　standard

❶这个标准并不适合每一个人。
❷普通话以北京语音为标准音。

表扬 biǎoyáng　　v.

表扬孩子 / 接受表扬　　praise, commend

❶对那些害羞的孩子要经常鼓励他们说出自己的看法,当他们这样做了以后,要表扬他们。
❷获得表扬时,别太骄傲得意。

吃惊 chījīng　　adj.

让人吃惊 / 吃惊地说　　shocked, surprised

❶她听了以后很吃惊。
❷回家以后,我吃惊地发现,竟然没有买

袜子。

出差　chūchāi　v.

出差回来 / 经常出差　　　　　go on a business trip

① 我今天去北京出差。
② 他去国外出差了，月底才能回来。

传真　chuánzhēn　v. & n.

传真文件 / 发传真 / 传真机　　　　　fax

① 小刘，帮我把这两页材料传真给李记者。
② 你们公司的传真号码是多少？

窗户　chuānghu　n.

开窗户 / 窗户旁边 / 一扇窗户　　　　　window

① 你好，我想要一个窗户旁边的座位，还有吗？
② 窗户向南的房子比较受欢迎。

从来　cónglái　adv.

从来没有 / 从来不　　　　　always, at all times

① 他从来不主动和别人说话。
② 我从来没学过游泳，怎么去比赛啊？

打印　dǎyìn　v.

打印机 / 打印材料 / 双面打印　　　　　print

① 我去打印几份材料，上课讨论的时候要用。
② 请双面打印这份书稿。

中频

大约 dàyuē *adv.*

大约半年 / 大约 10 人 / 大约在明年 — about, approximately

❶他乘坐的航班大约半小时后就要起飞了。
❷展览馆里的展品大约三个月更换一次。

当时 dāngshí *n.*

当时的情况 / 当时的回忆 / 在当时 — that time, then

❶看电影在当时确实是个新鲜事儿。
❷当时，他学的是新闻，我学的是法律。

到底 dàodǐ *adv.*

说到底 / 到底是谁 / 到底怎么样 — on earth

❶我真的受不了你了，你到底还要逛多久？
❷这件事到底该怎么办？

儿童 értóng *n.*

全市儿童 / 儿童免费 / 儿童公园 / 儿童节 — children

❶少年儿童是祖国的未来和希望。
❷书店里，各种儿童读物琳琅满目。

翻译 fānyì *v. & n.*

翻译成中文 / 口语翻译 / 当翻译 — translate; translator

❶这个句子翻译得不对。
❷昨天我在报纸上看见一家杂志社在招聘高级翻译。

关键 guānjiàn n.

问题的关键 / 关键内容 / 关键词 `key, crucial point`

① 这才是解决问题的关键。
② 赚钱多少不是最重要的,兴趣才是关键。

航班 hángbān n.

航班推迟 / 国际航班 / 一趟航班 `flight`

① 国际航班都推迟起飞了,咱可以再逛逛。
② 您乘坐的航班马上就要起飞了。

护士 hùshi n.

一名护士 / 当护士 / 护士长 / 护士服 `nurse`

① 这本小说的作者是医院的一位护士。
② 王护士经验丰富。

技术 jìshù n.

科学技术 / 技术发展 / 掌握一门技术 `technology, skill`

① 随着科学技术的发展,很多问题已经得到解决。
② 对面那条街上新开了一家理发店,听说那儿的理发师技术还不错。

继续 jìxù v.

继续工作 / 继续坚持 / 不想再继续了 `continue, go on`

① 人不能总是活在回忆里,因为过去的已经不可能改变了,但我们的生活仍然要继续。

❷他愿意继续租邻居的房子。

可惜　　kěxī　　*adj.*

让人可惜 / 可惜的是 / 真可惜　　regrettable

❶你没有和我一起去看真是太可惜了。
❷只差一点儿就赢了，真替他感到可惜。

困　　kùn　　*adj.*

困死了 / 感到很困　　sleepy

❶昨晚没睡好，现在有点儿困了。
❷你困了就先去睡一会儿吧，等比赛开始了，我再叫你起来。

懒　　lǎn　　*adj.*

懒人 / 懒死了 / 睡懒觉　　lazy

❶与其早晨睡懒觉，不如出去运动。
❷有些人很懒，直接拿自己的生日做银行卡或信用卡的密码。

冷静　　lěngjìng　　*adj.*

冷静一下 / 冷静想想 / 十分冷静　　calm

❶你现在要做的是冷静下来，想想办法。
❷有时候冷静甚至比勇敢更重要。

礼貌　　lǐmào　　*n. & adj.*

很有礼貌 / 不礼貌　　courtesy; polite

❶妈妈教他做个有礼貌的孩子。
❷上课时吃东西对老师是极其不礼貌的。

中频

另外 lìngwài *conj. & pron.*

另外的事情 / 另外一个人　in addition; other

① 那本词典是新出的,收的词语更丰富。另外,它还有语法解释,所以贵一些。
② 对于这个建议,一些人同意,另外一些人不同意。

乱 luàn *adj.*

非常乱 / 乱起来 / 乱死了 / 乱放　messy, disorderly

① 屋子里到处都是孩子的玩具,太乱了。
② 请不要乱扔垃圾。

密码 mìmǎ *n.*

复杂的密码 / 手机密码 / 密码保护　password

① 每个现代人头脑中都要记住很多密码。
② 老人忘了银行卡的密码,取不出钱来。

目的 mùdì *n.*

达到目的 / 学习目的 / 有目的　purpose, aim, goal

① 每一个香烟盒上都印有"吸烟有害健康"的句子,目的就是告诉人们抽烟对身体不好。
② 举办这次研讨会的目的之一,是给大家提供一次交流、学习的机会。

暖和 nuǎnhuo *adj.*

暖和的房间 / 让人暖和 / 变暖和　warm

① 天气已经开始暖和起来。

❷吃热饺子让人感觉很暖和，很舒服。

巧克力　　qiǎokèlì　　*n.*

吃巧克力 / 巧克力球　　chocolate

❶有人说，生活是一块巧克力，甜中带些苦。
❷饿了吧？来块儿巧克力怎么样？

日记　　rìjì　　*n.*

一本日记 / 写日记 / 日记本　　diary, journal

❶她每天都坚持写日记。
❷从他的日记可以知道，他小时候过着优渥的生活。

社会　　shèhuì　　*n.*

社会关系 / 现代社会 / 社会科学　　society

❶社会的发展不能光看经济的增长，还要重视环境的保护。
❷现代社会，人们最爱听的是成功故事。

失望　　shīwàng　　*adj.*

很失望 / 让人失望 /
对他感到失望　　diappointed

❶比赛输了，他们很失望。
❷事情没办成，我让她很失望。

实际　　shíjì　　*adj.*

实际情况 / 实际上 / 实际变化　　actual, in fact

❶她看上去比实际年龄更苍老。
❷要判断当地的实际经济情况，还应多方面调查。

数量 shùliàng *n.*

统计数量 / 增加数量 — amount, quantity

❶ 这个城市决定增加出租车的数量。
❷ 他的作品数量不多，却别具一格。

顺便 shùnbiàn *adv.*

下班后顺便买菜 / 出门顺便扔垃圾 — conveniently, in passing

❶ 吃完饭我们去公园散散步吧，我顺便买一份儿报纸。
❷ 小李，你把这份材料复印之后发给大家，顺便通知大家今天晚上要加班。

塑料袋 sùliàodài *n.*

一个塑料袋 / 少用塑料袋 — plastic bag

❶ 超市不再提供免费塑料袋。
❷ 大家积极倡导清除白色污染，禁用超薄型塑料袋。

香 xiāng *adj.*

很香 / 香味 / 花香 / 饭菜香 — sweet-smelling, aromatic

❶ 这些花儿闻起来很香。
❷ 妈，你做的什么菜？好香啊！我尝尝。

印象 yìnxiàng *n.*

有印象 / 第一印象 / 很深的印象 — impression

❶ 美丽的西湖给我留下了深刻的印象。
❷ 经理对我印象不错，他要我明天就正式去上班。

由 yóu *prep.*

由你选择 / 由大家决定 / 信不信由你　`by`

❶ 小林，这次的招聘是由你负责吧？
❷ 我们过什么样的生活是由我们的态度决定的。

著名 zhùmíng *adj.*

著名景点 / 著名小说 / 非常著名　`famous`

❶ 这本杂志介绍了中国很多著名的景点。
❷ 这本书的作者是位著名的历史教授。

赚 zhuàn *v.*

赚钱 / 赚游客的钱 / 赚得多　`earn`

❶ 一个年轻人问富人怎么才能赚更多的钱。
❷ 他这两年财运亨通，赚了不少钱。

低频词汇

报名 bàomíng *v.*

报名参加 / 报名成功 / 通知报名 — register, sign up

● 在老师的号召下,同学们积极报名参加运动会。

博士 bóshì *n.*

一位博士 / 读博士 — doctor

● 你们学校的硕士和博士研究生一共有多少人?

参观 cānguān *v.*

参观景点 / 免费参观 — visit, look around

● 这个周六学院组织大家去参观长城。

出生 chūshēng *v.*

刚出生 / 孩子出生了 / 出生地 — be born

● 女儿出生以后,我才知道做妈妈有多么不容易。

粗心 cūxīn *adj.*

做事粗心 / 粗心大意 — careless

● 他改变了许多,不再像以前那么粗心了。

堵车 dǔchē *v.*

路上堵车 / 严重堵车 — be in a traffic jam

● 还是坐地铁吧，这会儿路上恐怕会堵车。

感谢 gǎnxiè v.

感谢支持 / 表示感谢 `thank`

● 非常感谢大家对我的支持！

公里 gōnglǐ m.w.

一公里 / 多少公里 `kilometer`

● 爸爸安全行车两万公里，从没有发生过交通事故。

厚 hòu adj.

厚衣服 / 厚度 / 厚厚的积雪 `thick`

● 在暖和而湿润的地方，叶子往往长得又宽又厚。

难受 nánshòu adj.

感觉难受 / 心里很难受 `sick, uncomfortable`

● 他心里有点儿难受。

骗 piàn v.

骗人 / 骗钱 / 骗感情 / 骗子 `cheat`

● 真的假的？你是在开玩笑骗我吧？

深 shēn adj.

水很深 / 深夜 / 深颜色 `deep`

● 第一印象往往是最深的，而且很难改变。

低频

酸 suān *adj.*

酸死了 / 酸辣 / 酸味　　　　　　　　sour

● 柠檬酸得我牙痛。

条件 tiáojiàn *n.*

条件好 / 符合条件 / 工作条件　　　condition

● 经常换工作不一定好，根据自己的条件，把一份工作坚持做到最好才是正确的选择。

危险 wēixiǎn *adj.*

情况危险 / 注意危险 / 危险的地方　dangerous

● 在加油站或者离加油站很近的地方抽烟是很危险的。

呀 ya *part.*

(used after a vowel to express surprise or doubt)

● 你在干什么呀？要我帮忙吗？

也许 yěxǔ *adv.*

● 别人的方法也许很有效，但是并不一定适合你。　　maybe

叶子 yèzi *n.*

绿叶子 / 一片叶子　　　　　　　　leaf

● 每一种树的叶子形状都不一样。

优秀 yōuxiù *adj.*

优秀的人 / 优秀员工　outstanding, excellent

● 当我们认为自己在哪方面很优秀时，不

要骄傲。

责任　zérèn　*n.*

有责任 / 责任大 / 工作责任 / 承担责任　　`responsibility`

● 保护地球是每个人的责任。

重点　zhòngdiǎn　*n.*

重点复习 / 学习重点　　`emphasis`

● 复习要注意方法，要复习重点内容。

准时　zhǔnshí　*adv.*

上班准时 / 准时到 / 来得准时　　`on time`

● 面试时必须准时到。

作者　zuòzhě　*n.*

小说作者 / 文章的作者　　`author, writer`

● 那本小说的作者很有名。

擦　cā　*v.*

擦窗户 / 擦干净 / 刮擦　　`wipe`

● 窗户太脏了，该擦擦了。

长城　Chángchéng　*n.*

中国长城 / 不到长城非好汉 / 参观长城　　`Great Wall`

● 有人说没去过长城就不算去过北京。

成为 chéngwéi　v.

成为好人 / 成为科学家　　　become

● 访问各种各样的网站已经成为人们生活的一部分。

重新 chóngxīn　adv.

重新做 / 重新再来　　　again; once more

● 请您重新填写一下。

打扮 dǎban　v.

认真打扮 / 打扮自己 / 打扮一下　　　dress/make up

● 你今天打扮得真漂亮,有约会啊?

打针 dǎzhēn　v.

害怕打针 / 打一针　　　have an injection

● 打针比吃药效果好。

大使馆 dàshǐguǎn　n.

中国大使馆 / 去大使馆　　　embassy

● 我现在去大使馆办签证。

道歉 dàoqiàn　v.

向您道歉 / 给他道歉　　　apologize

● 我是专门来向您道歉的,我真的觉得很对不起您。

负责 fùzé　v.

负责安全工作 / 负责人　　　be in charge of

● 这次还是由她来负责安排吧。

共同　gòngtóng　*adj.*
共同完成 / 共同的理想　　　common
● 地球是我们共同的家。

回忆　huíyì　*v.*
回忆过去 / 回忆一下 / 回忆录　　recall
● 人老了就喜欢回忆过去。

交　jiāo　*v.*
交作业 / 交给老师 / 上交材料　deliver, hand in
● 小姐，这是我的报名表，是交给您吗？

竟然　jìngrán　*adv.*
unexpectedly, to one's surprise
● 你竟然还不知道这件事？

热闹　rènao　*adj.*
bustling with noise and excitement, lively
热闹的市场 / 热热闹闹 / 热闹极了
● 他喜欢去热闹的地方和别人一起唱歌、跳舞。

低频

仍然　réngrán　*adv.*
● 现在生活好了，爷爷仍然保持着　still
艰苦朴素的作风。

商量　shāngliang　*v.*
商量计划 / 商量一下　　consult, discuss

● 我们正商量着下个周末请家里人一起吃个饭呢。

甚至 shènzhì *adv.*

● 他没上过学,甚至连自己的名字都不会写。 `even`

生命 shēngmìng *n.*

珍惜生命 / 生命危险 / 对生命的认识 `life`

● 友谊是我们生命中不可缺少的一部分。

实在 shízài *adv.*

实在太好了 / 实在不知道 `indeed, really`

● 减了一个月都没有瘦下来,我实在没有信心了。

收拾 shōushi *v.*

收拾一下 / 收拾办公室 / 收拾干净 `put in order, tidy up`

● 她每天都要收拾房间。

数字 shùzì *n.*

排列数字 / 写数字 / 认识数字 `numeral, number, figure, amount`

● 请按从小到大的顺序排列这些数字。

谈 tán *v.*

谈看法 / 谈了半天 / 谈得很愉快 `talk`

● 今天的会议开得很好,大家都谈了自己的意见和看法。

弹钢琴　tán gāngqín

- 她很羡慕会弹钢琴的人。　`play the piano`

讨厌　tǎoyàn　v.

让人讨厌 / 讨厌迟到 / 很讨厌　`hate`

- 一个脾气不好的人虽然不一定让人讨厌，但是却很难跟人交朋友。

袜子　wàzi　n.

穿袜子 / 一双袜子 / 一只袜子　`sock`

- 昨天，女儿让我陪她去买一双袜子。

相同　xiāngtóng　adj.

机会相同 / 相同的条件 / 不相同　`same`

- 做生意时会遇到竞争带来的压力，但是大家的机会也是相同的。

严重　yánzhòng　adj.

情况严重 / 严重的问题 / 十分严重　`serious, severe`

- 那位病人的情况严重吗？

页　yè　m.w.

一页纸 / 页数 / 书页　`page`

- 这本书一共有多少页？

永远　yǒngyuǎn　adv.

永远年轻 / 永远爱你 / 永远在一起　`forever`

- 获得表扬时，别太骄傲得意，一次成功

不代表永远成功。

羽毛球 yǔmáoqiú *n.*

打羽毛球 / 羽毛球比赛 — badminton

● 打了一下午羽毛球,肚子有点儿饿了。

原谅 yuánliàng *v.*

请原谅 / 原谅别人 / 不能原谅 — forgive

● 得到别人的原谅很容易,但要重新获得信任却很难。

暂时 zànshí *adv.*

暂时没有 / 暂时的困难 / 暂时停止 — temporarily

● 实在对不起,那个房子暂时不租了。

保证 bǎozhèng *v.*

保证完成 / 做出保证 — guarantee, ensure

● 我保证你一次就能学会。

不管 bùguǎn *conj.* — no matter (what, how)

● 如果方法错了,不管你怎么努力,也很难取得成功。

尝 cháng *v.*

尝味道 / 尝一下 — taste

● 你尝一尝,味道很好。

超过 chāoguò *v.*

超过正常水平 / 远远超过　　surpass, exceed

● 他的收入早就超过我了。

打扰 dǎrǎo *v.*

打扰一下 / 打扰您了 / 别打扰他　　disturb

● 打扰一下,请问您是李老师吗?

得意 déyì *adj.*

得意极了 / 十分得意　　be complacent

● 老师表扬他时,他得意极了。

等 děng *part.*

● 想要密码安全,最好不要　　and so on
用手机号码、生日等。

地球 dìqiú *n.*

地球生命 / 地球环境 / 地球变暖　　earth

● 保护地球是每个人的责任。

地址 dìzhǐ *n.*

联系地址 / 写地址 / 学校地址　　address

● 我帮你上网查一下,网站上应该提供地址和联系电话。

否则 fǒuzé *conj.*

● 要想减肥成功,一定　　if not, otherwise
要坚持,不能怕累,否则很难有效果。

富 fù *adj.*

富人 / 富贵　　　　　　　　　　rich

●有位身价千万的富人来到一家宾馆，要求住最便宜的房间。

工资 gōngzī *n.*

高工资 / 工资低 / 赚工资　　salary, wage

●她开始学着管理自己的工资，把每天花的钱都记下来。

广播 guǎngbō *n.*

听广播 / 放广播 / 广播站 / 广播员　broadcast

●刚才听广播说由于天气原因，我们的航班推迟了。

盒子 hézi *n.*

一个盒子 / 饭盒子 / 礼物盒子 / 　box, case
小盒子

●让服务员拿几个盒子来，我们把剩菜带回去吧。

活泼 huópō *adj.*

性格活泼 / 活泼的孩子　　lively, vivid

●我的儿子特别活泼好动。

节 jié *n.*

母亲节 / 春节 / 过节　　　　festival

●今天是父亲节，你不会忘了吧？快去买礼物吧。

低频

竞争　jìngzhēng　n.

竞争关系 / 参与竞争 / 与对手竞争　`competition`

● 鼓励竞争能推动经济发展。

镜子　jìngzi　n.

照镜子 / 好看的镜子 / 镜子中的你　`mirror`

● 她正在对着镜子打扮。

举办　jǔbàn　v.

举办比赛 / 成功举办 / 举办得不太顺利　`hold`

● 在节假日，我们经常会看到商场举办打折、降价的活动。

浪费　làngfèi　v.

浪费钱 / 杜绝浪费 / 别浪费　`waste`

● 无论是浪费水、电，还是浪费食品、时间，都是不对的。

律师　lùshī　n.

一名律师 / 当律师 / 请律师　`lawyer`

● 他以后想成为一名律师。

亲戚　qīnqi　n.

一个亲戚 / 亲戚朋友 / 很多亲戚　`relative`

● 我们准备请亲戚朋友们到家里来吃顿饭。

售货员　shòuhuòyuán　n.

一名售货员 / 当售货员　`shop assistant`

● 售货员正在热情地推销商品。

汤 tāng　*n.*

一碗汤 / 鸡蛋汤 / 喝汤　　　　　soup

● 天太冷了,喝碗汤暖和暖和吧。

同情 tóngqíng　*n.*

同情别人 / 同情心 /　　compassion, sympathy
拒绝同情

● 同情是最美好的情感之一。

羡慕 xiànmù　*v.*

值得羡慕 / 羡慕别人　　　　admire

● 朋友们都很羡慕我找了一个好丈夫。

亚洲 Yàzhōu　*n.*

亚洲人 / 亚洲文化 / 亚洲音乐　　Asia

● 这本书介绍了亚洲很多国家的著名景点。

严格 yángé　*adj.*

标准严格 / 严格要求 / 十分严格　　strict

● 有的父母对孩子的要求很严格。

样子 yàngzi　*n.*

你的样子 / 样子好看　　appearance, shape

● 这个包样子很好看,价格也还可以。

由于 yóuyú　*prep.*

● 由于天气原因,下　　due to, because of

低频

75

周的春游取消了。

友好　yǒuhǎo　*n.*

态度友好 / 友好关系　　friendship, goodwill

● 握手是一种礼貌，表示友好。

原来　yuánlái　*adj.*

原来的样子 / 原来的方法　　original

● 他们不得不改变原来的计划。

正确　zhèngquè　*adj.*

回答正确 / 正确的看法 / 正确写出　　correct

● 后来的事实证明他的推断是正确的。

正式　zhèngshì　*adj.*

正式会议 / 打扮正式 / 正式提出　　formal

● 正式场合要穿着得体，注意言行。

证明　zhèngmíng　*v.*

科学证明 / 证明问题 / 证明过程　　prove, testify

● 我可以证明他是清白的。

部分　bùfen　*n.*

大部分 / 一部分学生 / 部分人　　part, section

● 我们把"海""江""河"这些字左边的部分叫作"三点水"。

乘坐 chéngzuò *v.*

乘坐汽车 / 经常乘坐 — ride (in a vehicle)

● 您乘坐的航班马上就要起飞了。

动作 dòngzuò *n.*

大动作 / 动作快 / 做动作 — action

● 你动作快一点儿,来不及了。

反对 fǎnduì *v.*

反对意见 / 受到反对 / 反对别人 — oppose, resist

● 我以为我妹妹会反对我读博士。

符合 fúhé *v.*

符合要求 / 比较符合 / 不太符合 — be in accordance with

● 这么做完全符合国家的法律规定。

怀疑 huáiyí *v.*

怀疑自己 / 受到怀疑 / 表示怀疑 — doubt

● 不要怀疑自己的能力。

尽管 jǐnguǎn *conj.*

● 小宝宝尽管很害怕打针,可她没有哭。 — even though

禁止 jìnzhǐ *v.*

禁止抽烟 / 禁止停车 / 禁止喧哗 — prohibit, forbid

低频

● 加油站附近禁止打电话。

垃圾桶 lājītǒng n.

一个垃圾桶 / 塑料垃圾桶 — dustbin

● 你帮我把这袋垃圾扔楼下垃圾桶里。

美丽 měilì adj.

美丽的风景 / 美丽的女人 — beautiful

● 孩子眼中的世界是美丽而奇特的。

判断 pànduàn v.

判断对错 / 正确地判断 — judge, determine

● 看一个人怎么说话,往往可以比较准确地判断出他是一个什么样的人。

千万 qiānwàn adv.

千万记得 / 千万别忘记 / 千万不要 — must

● 明天的面试很重要,你千万不要迟到。

区别 qūbié n.

找到区别 / 区别开来 / 有什么区别 / 区别很大 — difference, distinction

● 你觉得北方和南方在气候上有什么区别?

然而 rán'ér conj.

● 海洋底部看起来非常安静,然而却不是一点儿声音也没有。 — however

入口 rùkǒu *n.*

找到入口 / 超市入口 / 多个入口　　entrance

● 这儿是出口，请您从入口进。

稍微 shāowēi *adv.*

稍微减少 / 稍微降低 / 稍微高一点　　a little bit

● 今天是她第一次和男孩子约会，稍微有些紧张。

剩 shèng *v.*

剩饭 / 剩菜 / 剩下一人　　remain

● 油箱里剩的油不多了，看看哪儿有加油站。

帅 shuài *adj.*

帅哥 / 动作帅 / 高富帅　　handsome

● 那个男孩子不但长得帅，而且性格也很好。

抬 tái *v.*

抬沙发 / 抬起来 / 两个人抬　　raise, lift, carry

● 咱们把沙发往窗户那儿抬一下，这样看电视更舒服些。

无论 wúlùn *conj.*

无论如何 / 无论怎样　　no matter (what, how)

● 无论成功还是失败，努力过的人都应获得掌声。

优点 yōudiǎn *n.*

发现优点 / 优点很多 /　　merit, advantage

找优点
- 每个人都有自己的优点和缺点。

主意 zhǔyi *n.*

出主意 / 坏主意 / 有个主意　　　　idea
- 这个主意真高明。

座 zuò *m.w.*

(measure word for buildings, mountains and similar immovable objects)

一座桥 / 一座城市
- 北京有一座山叫香山,非常有名。

表格 biǎogé *n.*

一张表格 / 填表格 / 复印表格　　　form
- 刚入学的时候要填好多表格。

饼干 bǐnggān *n.*

一片饼干 / 吃饼干　　biscuit, cracker, cookie
- 您可以尝一下这种饼干。

猜 cāi *v.*

猜一猜 / 猜猜看 / 猜数字　　　　guess
- 你猜我今天整理房间的时候找到什么了?

得 děi *aux.*

- 咱们还得负责打印会议　　must, need
  材料呢。

低频

80

低 dī *adj.*

温度低 / 低耗能 `low`

● 夏天开空调，温度不能太低。

敢 gǎn *v.*

敢说敢干 / 不敢比赛 / 不太敢去 `dare`

● 她打网球很厉害，你敢和她打吗？

管理 guǎnlǐ *v.*

管理公司 / 严格管理 / 管理者 `manage`

● 管理者在解决问题时，一定要选择最直接、最有效的方法。

规定 guīdìng *n.*

按照规定 / 符合规定 / 法律规定 `rule`

● 按照商场规定，我们是不能给您换的。

寒假 hánjià *n.*

放寒假 / 寒假作业 `winter vacation`

● 快要放寒假了。

基础 jīchǔ *n.*

经济基础 / 基础知识 / 打基础 `base, foundation`

● 无论什么时候，美丽的基础都是健康。如果没有了健康，也就没有了美丽。

满 mǎn *adj.*

加满油 / 装得太满 / 满墙植物 `full`

● 礼堂里坐满了人。

毛巾　máojīn　*n.*

一条毛巾／洗毛巾／用毛巾　　towel

● 她不愿意用宾馆的毛巾。

首先　shǒuxiān　*conj.*

● 首先，记者是我最喜欢的职业，我从小就想当一名记者；其次，我大学和研究生学的都是新闻专业，符合招聘的要求。　　at first

输　shū　*v.*

输赢／输两个球／输给别人　　lose

● 比赛输了，他们很失望。

顺序　shùnxù　*n.*

按照顺序／时间顺序／排列顺序　　order

● 请把这些报纸按照时间顺序排好。

低频

一切　yíqiè　*pron.*

一切事／一切东西／世界上的一切　　everything

● 祝你们这次访问一切顺利。

尤其　yóuqí　*adv.*

尤其喜欢／尤其讨厌／尤其严重　　especially

● 很多人爱吃巧克力，尤其是女性。

照 zhào *v.*

照照片 / 照得很好 take pictures
- 我们在那儿照了很多照片。

至少 zhìshǎo *adv.*

至少半年 / 至少两千 / 至少能回来 at least
- 我们班至少有三分之一的同学参加了课外活动小组。

祝贺 zhùhè *v.*

表示祝贺 / 祝贺大家 / 祝贺成功 congratulate
- 今天的表演真的很精彩,祝贺你们!

专门 zhuānmén *adv.*

专门讨论 / 专门研究 / 专门学习 specially
- 这个公司专门生产各种各样的筷子。

准确 zhǔnquè *adj.*

准确的数字 / 准确回答 / 消息准确 accurate, exact
- 超市用电脑收款,又快又准确。

国际 guójì *n.*

国际学校 / 国际关系 / 国际竞争 international
- 人们需要和平的国际环境。

既然 jìrán *conj.*

- 既然你不喜欢新闻专业,那就再考虑考虑其他专业吧。 since, as

低频

奖金　jiǎngjīn　*n.*
premium, award money, bonus

发奖金 / 比赛奖金 / 一笔奖金

● 年底,人人都拿到了奖金,真是皆大欢喜。

咳嗽　késou　*v.*
cough

大声咳嗽 / 不停咳嗽 / 咳嗽药

● 最近我总是咳嗽,吃点儿什么药好?

力气　lìqi　*n.*
strength

力气大 / 有力气 / 用光力气

● 我没力气了,爬不动了。

梦　mèng　*n.*
dream

做梦 / 梦见 / 中国梦

● 中国人认为做梦是上天要告诉他们将来会发生的一些事情。

皮肤　pífū　*n.*
skin

黄皮肤 / 皮肤好 / 皮肤干燥

● 春季,皮肤容易干燥;夏季,皮肤不宜长时间晒太阳。

普遍　pǔbiàn　*adj.*
general, common

极其普遍 / 普遍问题 / 普遍发生

● 物体遇热体积膨胀,是一种普遍现象。

其中 qízhōng *n.*

其中之一 / 乐在其中 `within, in it`

● 不仅要会读书，还要会选择其中的好书来阅读。

敲 qiāo *v.*

敲门 / 敲打 / 敲一下 / 敲得响 `knock`

● 晚上，我刚刚躺下，就响起了敲门声。

穷 qióng *adj.*

穷人 / 穷学生 / 家里穷 / 穷得很 `poor`

● 有很多富人过得并不愉快，有些穷人却过得很快乐。

森林 sēnlín *n.*

一片森林 / 保护森林 / 森林大火 `forest`

● 原始森林里有许多奇花异草。

硕士 shuòshì *n.*

一位硕士 / 考硕士 / 读硕士 `master`

● 她是马教授的硕士研究生。

随着 suízhe *prep.*

● 随着科学技术的发展，我们的世界正在越变越小。 `along with, as`

孙子 sūnzi *n.*

● 奶奶特别疼爱小孙子。 `grandson`

低频

西红柿 xīhóngshì *n.*

西红柿炒鸡蛋 / 种西红柿 `tomato`

● 常吃西红柿对解决一些健康问题有很大的帮助。

咸 xián *adj.*

咸鱼 / 咸鸭蛋 / 咸味 / 非常咸 `salty`

● 今天的饺子盐放多了,有点儿咸。

约会 yuēhuì *n.*

去约会 / 和他约会 / 一个约会 `dating`

● 我受不了她每次约会都迟到,所以分手了。

不得不 bùdébù *aux.*

不得不说 / 不得不要 / 不得不做 `have to, must`

● 重感冒让他不得不请假休息。

长江 Cháng Jiāng *n.*

● 长江是中国第一大河。 `Yangtze River`

答案 dá'àn *n.*

正确答案 / 给出答案 / 作业答案 `answer`

● 有些事不需要答案,态度和细节就是最好的答案。

复印 fùyìn *v.*

复印文件 / 多次复印 `copy, duplicate`

复印一份
- 图书馆一楼东边有几台自助复印机。

感动　gǎndòng　v.

让人感动 / 感动极了 / 感动中国　move, touch
- 他被那个故事感动了。

合格　hégé　adj.

质量合格 / 检查合格 / 合格品　qualified, up to standard
- 只要这次考试的成绩都合格，他就可以进入高级班学习。

加油站　jiāyóuzhàn　n.

去加油站加油 / 一家加油站 / 小加油站　gas station
- 两条公路的汇合处有一个加油站。

骄傲　jiāo'ào　adj.

值得骄傲 / 让人骄傲　arrogant, be proud of
- 大家都以为他是一个骄傲的人。

究竟　jiūjìng　adv.

究竟如何 / 究竟为什么　on earth, after all
- 你究竟去不去，想好了吗？

举行　jǔxíng　v.

举行活动 / 举行比赛 / 顺利举行　hold
- 这次电影艺术节也许会在北京举行。

老虎 lǎohǔ *n.*

两只老虎 / 大老虎 / 老虎下山 — tiger

● 老虎是百兽之王。

连 lián *prep.*

连孩子都知道 / 连水也不给人喝 — even

● 妻子当上经理后，工作比以前更辛苦了，经常要加班，有时忙起来，甚至连节假日也不能休息。

全部 quánbù *n.*

全部任务 / 全部力气 / 全部解决 — all, whole

● 我们的任务已经全部按计划完成了。

受不了 shòubuliǎo

真受不了 / 确实受不了 — can't bear

● 她实在受不了这突如其来的打击。

台 tái *m.w.*

一台电视 / 两台空调 / 这台冰箱 — (measure word for machines, etc.)

● 咱家的洗衣机坏了，商场正好打折，我们顺便买一台吧。

研究 yánjiū *n.*

科学研究 / 研究证明 / 研究员 — research

● 学海无涯，研究学问是没有尽头的。

盐 yán n.
一包盐 / 加盐 / 盐水 — salt
- 今天的菜盐放多了，太咸了。

以为 yǐwéi v.
本来以为 / 自以为是 — suppose, think
- 有些人喜欢不停地换工作，他们总以为新工作一定比现在的好。

自然 zìrán n.
人与自然 / 自然科学 / 自然环境 — nature
- 太阳对大自然的影响很大。

笨 bèn adj.
笨死了 / 笨手笨脚 — silly, stupid
- 聪明人和笨人的最大区别是：聪明人能从失败中学到经验，笨人只是一直在想为什么自己总是一个失败者。

厨房 chúfáng n.
一间厨房 / 大厨房 / 在厨房做饭 — kitchen
- 厨房里的这个灯太暗了。

降低 jiàngdī v.
降低价格 / 水平降低 / 逐渐降低 — reduce
- 随着现代技术的发展，笔记本电脑的价格大大降低。

低频

空　　kòng　　*n.*

有空儿 / 抽空儿 / 没空儿　　`spare time`

● 有空儿你应该多回家看看爸妈。

例如　　lìrú　　*v.*

● 幽默包括很多方面，　　`take for example`
最主要的是语言上的幽默，例如讲笑话。

流利　　liúlì　　*adj.*

流利的中文 / 说得流利 / 流利表达　　`fluent`

● 他的中文说得很流利。

马虎　　mǎhu　　*adj.*

做事马虎 / 马马虎虎　　`careless, sloppy`

● 自检能力强，才能克服马虎的毛病。

难道　　nándào　　*adv.*

`(used to reinforce a rhetorical question)`

● 怎么又买这么多饼干和巧克力，难道你不减肥了？

乒乓球　　pīngpāngqiú　　*n.*

打乒乓球 / 乒乓球比赛　　`table tennis`

● 昨天那场乒乓球比赛你看了吗？

葡萄　　pútao　　*n.*

吃葡萄 / 一串葡萄 / 葡萄汁　　`grape`

● 葡萄酒是用新鲜的葡萄或者葡萄汁制造的饮料。

其次　qícì　conj.

首先，……；其次，……；最后，……。　　　secondly

- 首先，记者是我最喜欢的职业，我从小就想当一名记者；其次，我大学和研究生学的都是新闻专业，符合招聘的要求；第三，我有丰富的工作经验，而且做事细心，比较有责任心。

桥　qiáo　n.

石桥／一座桥／过桥　　　bridge

- 南京长江大桥把南北交通连贯起来了。

糖　táng　n.

吃糖／加糖／一块糖　　　sugar

- 吃太多糖会发胖。

牙膏　yágāo　n.

一支牙膏／买牙膏／用牙膏　　　toothpaste

- 牙膏快用完了，一会儿去超市记得买新的。

眼镜　yǎnjìng　n.

一副眼镜／戴眼镜／眼镜片　　　glasses

- 对面戴眼镜的那个人你认识吗？

语法　yǔfǎ　n.

语法练习／学习语法／汉语语法　　　grammar

- 这个句子没有语法错误。

低频

云　　yún　　*n.*

一片云 / 彩云 / 白云　　`cloud`

● 伤心的人好像一朵云,走到哪里,哪里就阴雨不断。

正常　　zhèngcháng　　*adj.*

正常人 / 生活正常 / 正常进行　　`normal, regular`

● 这台电脑终于又能正常工作了。

出现　　chūxiàn　　*v.*

出现问题 / 及时出现 / 出现在他面前　　`appear`

● 每当我遇到困难的时候,他几乎都能在第一时间出现,帮助我解决问题。

拉　　lā　　*v.*

手拉手 / 推拉 / 拉开　　`pull`

● 手机拉近了人与人之间的距离。

普通话　　pǔtōnghuà　　*n.*

学普通话 / 普通话水平　　`Mandarin`

● 你好,我想报名参加这个月的普通话水平考试。

轻　　qīng　　*adj.*

很轻 / 轻拿轻放 / 轻轻推一下　　`light`

● 我要去买一个轻一点儿的行李箱。

省　　shěng　　*n.*

广东省 / 全省 / 省里　　`province`

- 他这样多才多艺的人在全省都是凤毛麟角。

趟 tàng *m.w.*

来回一趟 / 去两趟 / 一趟航班 — time

- 我这儿有一份材料，麻烦你替我跑一趟，给关教授送过去。

醒 xǐng *v.*

醒来 / 睡醒 / 叫醒 — awake, wake up

- 妹妹弹钢琴的声音把爷爷吵醒了。

于是 yúshì *conj.*

- 下车时，他发现钱包不见了，于是打电话报警。 — so, then

预习 yùxí *v.*

预习知识 / 课前预习 / 主动预习 — preview lessons

- 课前预习和课后复习是必不可少的。

允许 yǔnxǔ *v.*

不允许抽烟 / 允许通过 — allow, permit

- 司机喝酒后不允许开车。

只好 zhǐhǎo *adv.*

只好回家 / 只好放弃 / 只好走 — have to

- 昨天是报名最后一天，我错过了，只好下次再考了。

低频

到处　dàochù　adv.

到处都是 / 到处走走 / 到处旅行　everywhere

● 北方也许还在下着雪，南方却已经到处都是绿色了。

放暑假　fàng shǔjià

● 马上就要放暑假了，你有什么安排吗？　have a summer vacation

害羞　hàixiū　adj.

有点儿害羞 / 害羞的女生 / 别害羞　shy

● 妹妹很害羞，见了生人就脸红。

偶尔　ǒu'ěr　adv.

偶尔旅行 / 偶尔遇到 / 偶尔出现　occasionally

● 偶尔的失败其实可以让我们清楚自己还有什么地方需要提高。

首都　shǒudū　n.

中国首都 / 去首都 / 首都机场　capital

● 首都体育馆今天晚上有活动。

躺　tǎng　v.

躺下 / 躺在床上 / 躺着　lie

● 躺着看书对眼睛不好。

无　wú　v.

无声 / 从无到有 / 一无所有　not have

● 如无特殊原因，既定的计划不会更改。

低频

行　xíng　v.

不行 / 行不行　　　　　　　　be all right

- 别人说什么不重要，自己感觉快乐就行了。

性别　xìngbié　n.

填写性别 / 不同性别　　　　gender

- 您先填一下这张申请表，姓名、性别、年龄和电话号码都要写。

以　yǐ　prep.

以书为友 / 以学生为中心 /　take...as...
以和为贵 / 以人为本

- 以前的人以胖为美，现在的人以瘦为美。

抱　bào　v.

抱住 / 抱紧 / 抱孩子　　　　hug, embrace

- 赛后他们激动地抱在了一起。

地点　dìdiǎn　n.

约会地点 / 集合地点　　　　place, location

- 明天的集合地点改在东门了。

果汁　guǒzhī　n.

一杯果汁 / 喝果汁 / 果汁糖　juice

- 你喝果汁还是咖啡？

假　jiǎ　adj.

真假 / 假的 / 假发　　　　　fake, false

低频

● 真的假的？你是在开玩笑骗我吧？

棵 kē *m.w.*

一棵树 / 一棵小草　(measure word for plants)

● 我家后面院子里有一棵树。

可怜 kělián *adj.*

可怜人 / 真可怜 / 不值得可怜　pitiful, poor

● 他很可怜，他妻子太懒，不做饭，不洗衣服，连孩子也不带。

世纪 shìjì *n.*

一个世纪 / 新世纪 / 世纪难题　century

● 二十一世纪，随着现代技术的发展，笔记本电脑的价格大大降低。

死 sǐ *n.*

生与死 / 病死 / 死了　death

● 生、老、病、死是一个极其自然的过程。

响 xiǎng *v.*

敲响 / 响了几声 / 响起钟声　make a sound

● 晚上，我刚刚躺下，就响起了敲门声。

倍 bèi *num.*

增加几倍 / 3 的 2 倍　time, fold

● 今年的汽车产量是去年的一倍。

词语 cíyǔ *n.*

词语丰富 / 所有词语 / 读词语 / 词语解释 `words and expressions`

● 遇到不认识的词语,我会马上查词典。

短信 duǎnxìn *n.*

诈骗短信 / 发短信 / 写短信 `text, message`

● 发短信很麻烦。

对话 duìhuà *n.*

一次对话 / 进行对话 / 人机对话 `conversation`

● 读一本好书,就是和高尚的人对话。

干杯 gānbēi *v.*

一起干杯 / 干一杯 / 为幸福干杯 `cheers`

● 为我们的友谊干杯。

干 gàn *v.*

干活 / 干事 / 能干 `do`

● 我打算毕业以后先在叔叔开的公司里干一段时间。

故意 gùyì *adv.*

故意没来 / 故意迟到 / 故意写错 `on purpose`

● 抱歉,我不是故意的,我没注意到。

旅行 lǚxíng *v.*

毕业旅行 / 到处旅行 / 一个人旅行 `travel`

● 我姐姐是大学老师,每个寒暑假她都会

出去旅行。

脱 tuō v.

脱衣服 / 脱鞋 / 脱下来　　　take off

● 衣服脏了,脱下来洗洗吧。

百分之 bǎi fēn zhī prep.

百分之百 / 百分之一 / 百分之多少　percentage

● 超过百分之九十的人表示愿意参加环保活动。

错误 cuòwù n.

词语错误 / 很多错误 / 有错误　mistake, error

● 这个句子没有语法错误。

排列 páiliè v.

排列顺序 / 排列数字　arrange, put in order

● 一棵棵白杨树整齐地排列在大路两旁。

填空 tiánkòng v.

阅读后填空 / 词语填空　fill in the blank

● 请用合适的词语填空。

对于 duìyú prep.

for, with regard to

● 人的生命只有一次,对于谁都是宝贵的。

自信 zìxìn n.

有自信 / 没自信 / 变得自信　confidence

●你要有自信。

棒 bàng *adj.*

真棒 / 很棒 / 太棒了 — great, excellent
●你的汉语说得真棒。

包子 bāozi *n.*

肉包子 / 一个包子 / 吃包子 — steamed stuffed bun
●他每天早上都吃包子。

比如 bǐrú *v.*

●我去过很多地方,比如上海、北京、广州。 — take for example

餐厅 cāntīng *n.*

中国餐厅 / 一家餐厅 / 去餐厅吃饭 — restaurant
●你来过这家餐厅吃饭吗?

厕所 cèsuǒ *n.*

去厕所 / 上厕所 — washroom
●请问厕所在哪儿?

存 cún *v.*

存钱 / 存东西 / 存在盒子里 — save, deposit
●我把钱存在银行。

打招呼 dǎ zhāohu

打招呼 / 跟老师打招呼 — say hello
●你跟她打招呼了吗?

低频

超低频词汇

刀　dāo　n.

小刀 / 菜刀 / 一把刀　　　knife

❶我买了一把很锋利的刀。
❷这把刀是新买的。

倒　dào　adj.

倒贴福字 / 倒着拿书　　　up side down

❶这幅画挂倒了。
❷她的书拿倒了。

登机牌　dēngjīpái　n.

打印登机牌 / 一张登机牌 /　boarding pass
检查登机牌

❶请保管好你的登机牌。
❷你拿到登记牌了吗？

房东　fángdōng　n.

房东太太 / 好房东　　　landlord, landlady

❶房东是一个很好的人。
❷这是我的房东。

放松　fàngsōng　v.

放松心情 / 放松一会儿 / 放松放松　relax

❶周末你应该好好放松一下。
❷我想好好放松一下。

付款 fùkuǎn v.

现金付款 / 电子付款 / 用手机付款 pay
1. 您可以用现金付款吗?
2. 让我来付款吧。

赶 gǎn v.

赶时间 / 赶车 / 赶路 rush for
1. 他赶着去上学。
2. 她赶着去坐车。

高速公路 gāosù gōnglù n.

一条高速公路 / 高速公路网 expressway
1. 高速公路上有很多车。
2. 这是新建的高速公路。

胳膊 gēbo n.

左胳膊 / 胳膊长 / 一只胳膊 arm
1. 她的胳膊很长。
2. 我的胳膊没有她的长。

功夫 gōngfu n.

中国功夫 / 学功夫 / 会功夫 Chinese martial arts
1. 我很喜欢中国功夫。
2. 你会中国功夫吗?

国籍 guójí n.

中国国籍 / 他的国籍 / 换国籍 nationality
1. 你是什么国籍?
2. 我的国籍是美国。

超低频

互联网 hùliánwǎng　*n.*

上互联网 / 互联网公司 / 互联网技术　Internet

❶互联网已经成为人们生活中的一个重要部分。
❷互联网越来越重要了。

火 huǒ　*n.*

大火 / 玩火 / 放火　fire

❶不要玩火，很危险。
❷火越来越大了。

建议 jiànyì　*v.*

提供建议 / 给人建议 / 建议别人去做　suggest

❶我建议你今天不要出去，可能会下大雨。
❷我建议你带雨伞出去。

降落 jiàngluò　*v.*

飞机降落 / 慢慢降落 / 安全降落　land, descend

❶飞机安全降落在机场上。
❷飞机正在降落。

郊区 jiāoqū　*n.*

美丽郊区 / 北京郊区 / 在郊区生活　suburbs

❶我爸爸妈妈住在郊区。
❷郊区的景色很美丽。

接着 jiēzhe　*adv.*

❶我回到家先吃饭，接着看电视。　after that
❷这本书，你看完了我接着看。

超低频

景色 jǐngsè　*n.*

壮丽的景色 / 郊区的景色　　view, landscape

❶ 这里的景色太美了!
❷ 你喜欢这里的景色吗?

举 jǔ　*v.*

举手 / 举起来 / 举上去　　hold up

❶ 回答问题前要先举手。
❷ 请举起你们的右手。

聚会 jùhuì　*n.*

举办聚会 / 参加聚会 /　　get-together, party
开心的聚会

❶ 很高兴你们来参加这次聚会。
❷ 你能参加这次聚会吗?

开心 kāixīn　*adj.*

开心快乐 / 开心的事 / 让人开心　　happy

❶ 大家今天玩儿得很开心。
❷ 你为什么这么开心呢?

烤鸭 kǎoyā　*n.*

北京烤鸭 / 一盘烤鸭 / 好吃的烤鸭　　roast duck

❶ 你吃过北京烤鸭吗?
❷ 北京烤鸭很有名。

客厅 kètīng　*n.*

在客厅玩 / 大客厅 / 收拾客厅　　living room

❶ 爸爸和妈妈在客厅聊天。

超低频

❷她家的客厅很大。

矿泉水　kuàngquánshuǐ　n.

喝矿泉水 / 一瓶矿泉水 / 好喝的矿泉水　　mineral water

❶她喜欢喝矿泉水。
❷这是我的矿泉水。

来自　láizì　v.

来自国外 / 来自故乡 / 来自亚洲　　come from

❶我来自中国。
❷你来自哪里？

礼拜天　lǐbàitiān　n.

❶礼拜天你要去哪里？　　Sunday
❷我礼拜天去公园。

零钱　língqián　n.

带零钱 / 找零钱 / 换零钱　　small change

❶我没有带零钱。
❷你有零钱吗？

毛　máo　n.

一根毛 / 动物的毛 / 短毛　　feather

❶那只小鸟的毛是绿色的。
❷小鸟的毛很短。

迷路　mílù　v.

迷路的孩子 / 不小心迷路　　get lost

❶昨天我迷路了。

超低频

❷我在森林里迷路了。

秒 miǎo *m.w.*

分秒必争 `second`

❶临近考试了,同学们都在争分夺秒地复习功课。
❷人生太短,要干的事太多,我要分秒必争。

排队 páiduì *v.*

排长队 / 正在排队 / 排队等车 `queue up`

❶我在排队买东西。
❷我每天都得排队等公共汽车。

勺子 sháozi *n.*

铁勺子 / 一个勺子 / 用勺子 `spoon`

❶这个勺子很大。
❷他不会用勺子。

是否 shìfǒu *adv.*

是否知道 / 是否能来 / 是否明白 `weather`

❶你明天是否会来我家?
❷我不知道是否应该接受她的礼物。

提 tí *v.*

提东西 / 提起来 / 提上来 `carry in one's hand`

❶她手里提着很多水果。
❷她提着箱子走了进去。

同时 tóngshí *n.*

同时开始 / 同时完成 / 不能同时说 `same time`

超低频

105

❶我不能同时做两件事。
❷我们是同时回到家的。

推　tuī　v.

推开窗户 / 推门 / 推出去　　　push

❶他推开了门。
❷他把我从房间里推了出来。

卫生间　wèishēngjiān　n.

去卫生间 / 打扫卫生间　　　restroom

❶请问卫生间在哪儿？
❷不好意思，我去一下卫生间。

现金　xiànjīn　n.

用现金付款 / 带现金 / 现金支付　　　cash

❶请问您是用现金付款还是刷卡？
❷她身上有很多现金。

橡皮　xiàngpí　n.

一块橡皮 / 好用的橡皮 / 新橡皮　　　eraser, rubber

❶我新买了一个橡皮。
❷这个橡皮是你的吗？

小吃　xiǎochī　n.

一份小吃 / 小吃街 / 当地小吃　　　snacks

❶这里有很多小吃，很好吃。
❷你吃过北京的小吃吗？

超低频

小伙子　xiǎohuǒzi　n.

一个小伙子 / 活泼幽默的小伙子

lad, young fellow

❶ 这个小伙子长得很高。
❷ 小伙子，你真棒！

信封　xìnfēng　n.

打开信封 / 买信封 / 一个信封

envelope

❶ 你能帮我买一个信封吗？
❷ 这个信封真漂亮。

信息　xìnxī　n.

收到信息 / 发信息 / 一条信息

information, message

❶ 我发给你的信息，你收到了吗？
❷ 他给我发了信息。

修理　xiūlǐ　v.

修理汽车 / 修理一下 / 修理好

fix, mend

❶ 小李帮我把自行车修理好了。
❷ 这双鞋需要修理。

学期　xuéqī　n.

新学期 / 一个学期 / 上学期

school term

❶ 新的学期又开始了。
❷ 这个学期我要好好学习。

要是　yàoshi　conj.

❶ 要是我有时间就可以和你一起吃饭。

if, in case

超低频

❷要是我有很多钱，我就买新房子。

应聘　yìngpìn　v.　apply (for a job offer)

来应聘 / 应聘工作 / 应聘者

❶她来应聘英语老师。
❷你是来应聘的吗？

邮局　yóujú　n.　post office

去邮局 / 在邮局 / 附近的邮局

❶请问邮局在哪儿？
❷小林去邮局寄信了。

占线　zhànxiàn　v.　(of a telephone line) be busy

电话占线 / 总是占线

❶她的电话一直占线。
❷我给她拨了电话，但占线。

重　zhòng　adj.　heavy

重东西 / 重极了

❶这个箱子很重。
❷这张桌子很重。

转　zhuǎn　v.　turn

倒转 / 转头 / 转身 / 转过来

❶她转过头来对我笑了。
❷请把头转过来。

超低频

左右 zuǒyòu *n.*

左右为难 / 左右逢源　　around, about

① 这件事让我左右为难。
② 主席台左右的红旗迎风飘扬。

作家 zuòjiā *n.*

一位作家 / 有名的作家 / 小说作家　　writer

① 我长大后想当作家。
② 我很喜欢这个作家。

超低频

拼音检索

A

爱情	àiqíng	41
安排	ānpái	53
安全	ānquán	53
按时	ànshí	41
按照	ànzhào	53

B

百分之	bǎi fēn zhī	98
棒	bàng	99
包子	bāozi	99
保护	bǎohù	54
保证	bǎozhèng	71
抱	bào	95
报名	bàomíng	63
抱歉	bàoqiàn	41
倍	bèi	96
本来	běnlái	54
笨	bèn	89
比如	bǐrú	99
毕业	bìyè	13
遍	biàn	23
标准	biāozhǔn	54
表格	biǎogé	80
表示	biǎoshì	32
表演	biǎoyǎn	41
表扬	biǎoyáng	54
饼干	bǐnggān	80
并且	bìngqiě	47
博士	bóshì	63
不过	búguò	10
不得不	bùdébù	86
部分	bùfen	76
不管	bùguǎn	71
不仅	bùjǐn	42

C

擦	cā	66
猜	cāi	80
材料	cáiliào	5
参观	cānguān	63
餐厅	cāntīng	99
厕所	cèsuǒ	99
差不多	chàbuduō	32
尝	cháng	71
长城	Chángchéng	66
长江	Cháng Jiāng	86
场	chǎng	47
超过	chāoguò	72
成功	chénggōng	10

诚实	chéngshí	48		大使馆	dàshǐguǎn	67
成为	chéngwéi	67		大约	dàyuē	56
乘坐	chéngzuò	77		戴	dài	33
吃惊	chījīng	54		大夫	dàifu	28
重新	chóngxīn	67		当	dāng	3
抽烟	chōuyān	32		当时	dāngshí	56
出差	chūchāi	55		刀	dāo	100
出发	chūfā	20		导游	dǎoyóu	23
出生	chūshēng	63		倒	dào	100
出现	chūxiàn	92		到处	dàochù	94
厨房	chúfáng	89		到底	dàodǐ	56
传真	chuánzhēn	55		道歉	dàoqiàn	67
窗户	chuānghu	55		得意	déyì	72
词语	cíyǔ	97		得	děi	80
从来	cónglái	55		登机牌	dēngjīpái	100
粗心	cūxīn	63		等	děng	72
存	cún	99		低	dī	81
错误	cuòwù	98		底	dǐ	24
				地点	dìdiǎn	95
D				地球	dìqiú	72
答案	dá'àn	86		地址	dìzhǐ	72
打扮	dǎban	67		掉	diào	42
打扰	dǎrǎo	72		调查	diàochá	33
打印	dǎyìn	55		丢	diū	42
打招呼	dǎ zhāohu	99		动作	dòngzuò	77
打折	dǎzhé	32		堵车	dǔchē	63
打针	dǎzhēn	67		肚子	dùzi	33
大概	dàgài	42		短信	duǎnxìn	97

对话	duìhuà	97
对面	duìmiàn	42
对于	duìyú	98

E

而	ér	2
儿童	értóng	56

F

发生	fāshēng	24
发展	fāzhǎn	2
法律	fǎlǜ	24
翻译	fānyì	56
烦恼	fánnǎo	43
反对	fǎnduì	77
方法	fāngfǎ	3
方面	fāngmiàn	2
方向	fāngxiàng	43
房东	fángdōng	100
放弃	fàngqì	18
放暑假	fàng shǔjià	94
放松	fàngsōng	100
份	fèn	10
丰富	fēngfù	24
否则	fǒuzé	72
符合	fúhé	77
富	fù	73
付款	fùkuǎn	101
父亲	fùqin	33
复印	fùyìn	86
复杂	fùzá	24
负责	fùzé	67

G

改变	gǎibiàn	3
干杯	gānbēi	97
敢	gǎn	81
赶	gǎn	101
感动	gǎndòng	87
感觉	gǎnjué	15
感情	gǎnqíng	43
感谢	gǎnxiè	64
干	gàn	97
刚	gāng	1
高速公路	gāosù gōnglù	101
胳膊	gēbo	101
各	gè	10
功夫	gōngfu	101
公里	gōnglǐ	64
工资	gōngzī	73
共同	gòngtóng	68
够	gòu	25
购物	gòuwù	43
估计	gūjì	33
鼓励	gǔlì	16

顾客	gùkè	34	厚	hòu	64
故意	gùyì	97	后悔	hòuhuǐ	34
挂	guà	34	互联网	hùliánwǎng	102
关键	guānjiàn	57	护士	hùshi	57
观众	guānzhòng	21	互相	hùxiāng	35
管理	guǎnlǐ	81	怀疑	huáiyí	77
光	guāng	25	回忆	huíyì	68
广播	guǎngbō	73	活动	huódòng	1
广告	guǎnggào	25	活泼	huópō	73
逛	guàng	43	火	huǒ	102
规定	guīdìng	81	获得	huòdé	2
国籍	guójí	101			
国际	guójì	83		**J**	
果汁	guǒzhī	95	基础	jīchǔ	81
过程	guòchéng	21	激动	jīdòng	48
			积极	jījí	35
	H		积累	jīlěi	28
海洋	hǎiyáng	34	及时	jíshí	35
害羞	hàixiū	94	即使	jíshǐ	44
寒假	hánjià	81	寄	jì	44
汗	hàn	44	计划	jìhuà	3
航班	hángbān	57	既然	jìrán	83
好处	hǎochu	28	技术	jìshù	57
好像	hǎoxiàng	34	继续	jìxù	57
号码	hàomǎ	19	记者	jìzhě	29
合格	hégé	87	加班	jiābān	21
合适	héshì	28	家具	jiājù	48
盒子	hézi	73	加油站	jiāyóuzhàn	87

假	jiǎ	95	经济	jīngjì	21
价格	jiàgé	44	京剧	jīngjù	36
坚持	jiānchí	2	经历	jīnglì	36
减肥	jiǎnféi	7	经验	jīngyàn	3
减少	jiǎnshǎo	35	尽管	jǐnguǎn	77
建议	jiànyì	102	警察	jǐngchá	48
将来	jiānglái	29	景色	jǐngsè	103
奖金	jiǎngjīn	84	竟然	jìngrán	68
降低	jiàngdī	89	竞争	jìngzhēng	74
降落	jiàngluò	102	镜子	jìngzi	74
交	jiāo	68	究竟	jiūjìng	87
骄傲	jiāo'ào	87	举	jǔ	103
交流	jiāoliú	6	举办	jǔbàn	74
郊区	jiāoqū	102	举行	jǔxíng	87
交通	jiāotōng	29	聚会	jùhuì	103
饺子	jiǎozi	35	拒绝	jùjué	22
教授	jiàoshòu	19	距离	jùlí	45
教育	jiàoyù	13			
接受	jiēshòu	21		**K**	
接着	jiēzhe	102	开玩笑	kāi wánxiào	48
节	jié	73	开心	kāixīn	103
结果	jiéguǒ	7	看法	kànfǎ	25
节约	jiéyuē	44	考虑	kǎolǜ	4
解释	jiěshì	21	烤鸭	kǎoyā	103
紧张	jǐnzhāng	11	棵	kē	96
进行	jìnxíng	35	科学	kēxué	45
禁止	jìnzhǐ	77	咳嗽	késou	84
精彩	jīngcǎi	36	可怜	kělián	96

可是	kěshì	19
可惜	kěxī	58
客厅	kètīng	103
肯定	kěndìng	11
空气	kōngqì	16
恐怕	kǒngpà	29
空	kòng	90
苦	kǔ	13
矿泉水	kuàngquánshuǐ	104
困	kùn	58
困难	kùnnan	16

L

拉	lā	92
垃圾桶	lājītǒng	78
辣	là	11
来不及	láibují	49
来得及	láidejí	49
来自	láizì	104
懒	lǎn	58
浪费	làngfèi	74
浪漫	làngmàn	25
老虎	lǎohǔ	88
冷静	lěngjìng	58
礼拜天	lǐbàitiān	104
理发	lǐfà	49
理解	lǐjiě	13
礼貌	lǐmào	58
理想	lǐxiǎng	19
厉害	lìhai	49
力气	lìqi	84
例如	lìrú	90
俩	liǎ	16
连	lián	88
联系	liánxì	7
凉快	liángkuai	49
零钱	língqián	104
另外	lìngwài	59
留	liú	7
流利	liúlì	90
流行	liúxíng	11
乱	luàn	59
旅行	lǚxíng	97
律师	lǜshī	74

M

麻烦	máfan	16
马虎	mǎhu	90
满	mǎn	81
毛	máo	104
毛巾	máojīn	82
美丽	měilì	78
梦	mèng	84
迷路	mílù	104
密码	mìmǎ	59

免费	miǎnfèi	45	篇	piān	17
秒	miǎo	105	骗	piàn	64
民族	mínzú	45	乒乓球		
母亲	mǔqin	50		pīngpāngqiú	90
目的	mùdì	59	平时	píngshí	45
			破	pò	37
			葡萄	pútao	90
	N		普遍	pǔbiàn	84
耐心	nàixīn	50	普通话	pǔtōnghuà	92
难道	nándào	90			
难受	nánshòu	64			
内	nèi	36		**Q**	
内容	nèiróng	36	其次	qícì	91
能力	nénglì	7	其中	qízhōng	85
年龄	niánlíng	17	气候	qìhòu	19
弄	nòng	45	敲	qiāo	85
暖和	nuǎnhuo	59	桥	qiáo	91
			巧克力	qiǎokèlì	60
	O		千万	qiānwàn	78
偶尔	ǒu'ěr	94	签证	qiānzhèng	29
			亲戚	qīnqi	74
			轻	qīng	92
	P		轻松	qīngsōng	37
排队	páiduì	105	情况	qíngkuàng	6
排列	páiliè	98	穷	qióng	85
判断	pànduàn	78	区别	qūbié	78
陪	péi	37	取	qǔ	8
批评	pīpíng	26	全部	quánbù	88
皮肤	pífū	84	缺点	quēdiǎn	11
脾气	píqi	37			

117

缺少	quēshǎo	13
却	què	4
确实	quèshí	37

R

然而	rán'ér	78
热闹	rènao	68
任何	rènhé	38
任务	rènwu	17
扔	rēng	17
仍然	réngrán	68
日记	rìjì	60
入口	rùkǒu	79

S

散步	sànbù	50
森林	sēnlín	85
沙发	shāfā	14
商量	shāngliang	68
伤心	shāngxīn	38
稍微	shāowēi	79
勺子	sháozi	105
社会	shèhuì	60
深	shēn	64
申请	shēnqǐng	38
甚至	shènzhì	69
生活	shēnghuó	1
生命	shēngmìng	69

生意	shēngyi	22
省	shěng	92
剩	shèng	79
失败	shībài	5
师傅	shīfu	46
失望	shīwàng	60
十分	shífēn	30
实际	shíjì	60
实在	shízài	69
使	shǐ	4
使用	shǐyòng	26
是否	shìfǒu	105
适合	shìhé	6
世纪	shìjì	96
适应	shìyìng	30
收	shōu	14
收入	shōurù	30
收拾	shōushi	69
首都	shǒudū	94
首先	shǒuxiān	82
受不了	shòubuliǎo	88
受到	shòudào	38
售货员	shòuhuòyuán	74
输	shū	82
熟悉	shúxī	14
数量	shùliàng	61
数字	shùzì	69

帅	shuài	79	提	tí	105
顺便	shùnbiàn	61	提供	tígōng	51
顺利	shùnlì	17	提前	tíqián	22
顺序	shùnxù	82	提醒	tíxǐng	39
说明	shuōmíng	30	填空	tiánkòng	98
硕士	shuòshì	85	条件	tiáojiàn	65
死	sǐ	96	停	tíng	12
速度	sùdù	30	挺	tǐng	8
塑料袋	sùliàodài	61	通过	tōngguò	9
酸	suān	65	通知	tōngzhī	19
随便	suíbiàn	50	同情	tóngqíng	75
随着	suízhe	85	同时	tóngshí	105
孙子	sūnzi	85	推	tuī	106
所有	suǒyǒu	50	推迟	tuīchí	51
			脱	tuō	98

T

W

抬	tái	79	袜子	wàzi	70
台	tái	88	完全	wánquán	20
态度	tàidù	31	网球	wǎngqiú	51
谈	tán	69	往往	wǎngwǎng	4
弹钢琴	tán gāngqín	70	网站	wǎngzhàn	51
汤	tāng	75	危险	wēixiǎn	65
糖	táng	91	味道	wèidao	39
躺	tǎng	94	卫生间	wèishēngjiān	106
趟	tàng	93			
讨论	tǎolùn	39	温度	wēndù	22
讨厌	tǎoyàn	70	文章	wénzhāng	39
特点	tèdiǎn	31			

119

污染	wūrǎn	46	信心	xìnxīn	31
无	wú	94	兴奋	xīngfèn	52
无聊	wúliáo	39	行	xíng	95
无论	wúlùn	79	醒	xǐng	93
误会	wùhuì	26	性别	xìngbié	95
			幸福	xìngfú	12
			性格	xìnggé	14

X

西红柿	xīhóngshì	86	修理	xiūlǐ	107
吸引	xīyǐn	40	许多	xǔduō	4
咸	xián	86	学期	xuéqī	107
现金	xiànjīn	106			
羡慕	xiànmù	75			

Y

香	xiāng	61	呀	ya	65
相反	xiāngfǎn	46	压力	yālì	15
相同	xiāngtóng	70	牙膏	yágāo	91
详细	xiángxì	22	亚洲	Yàzhōu	75
响	xiǎng	96	盐	yán	89
橡皮	xiàngpí	106	研究	yánjiū	88
消息	xiāoxi	9	严重	yánzhòng	70
小吃	xiǎochī	106	演出	yǎnchū	20
小伙子	xiǎohuǒzi	107	眼镜	yǎnjìng	91
小说	xiǎoshuō	31	演员	yǎnyuán	40
效果	xiàoguǒ	26	严格	yángé	75
笑话	xiàohua	14	阳光	yángguāng	9
辛苦	xīnkǔ	51	养成	yǎngchéng	40
心情	xīnqíng	8	样子	yàngzi	75
信封	xìnfēng	107	邀请	yāoqǐng	20
信息	xìnxī	107	钥匙	yàoshi	31

要是	yàoshi	107	与	yǔ	1
也许	yěxǔ	65	语法	yǔfǎ	91
页	yè	70	羽毛球	yǔmáoqiú	71
叶子	yèzi	65	语言	yǔyán	12
一切	yíqiè	82	预习	yùxí	93
以	yǐ	95	原来	yuánlái	76
以为	yǐwéi	89	原谅	yuánliàng	71
意见	yìjiàn	26	原因	yuányīn	12
艺术	yìshù	46	约会	yuēhuì	86
因此	yīncǐ	9	阅读	yuèdú	52
引起	yǐnqǐ	47	云	yún	92
印象	yìnxiàng	61	允许	yǔnxǔ	93
赢	yíng	40			
应聘	yìngpìn	108		Z	
勇敢	yǒnggǎn	52	杂志	zázhì	47
永远	yǒngyuǎn	70	咱们	zánmen	23
优点	yōudiǎn	79	暂时	zànshí	71
幽默	yōumò	32	脏	zāng	27
优秀	yōuxiù	65	责任	zérèn	66
由	yóu	62	增加	zēngjiā	47
邮局	yóujú	108	占线	zhànxiàn	108
尤其	yóuqí	82	招聘	zhāopìn	18
由于	yóuyú	75	照	zhào	83
友好	yǒuhǎo	76	真正	zhēnzhèng	40
有趣	yǒuqù	52	整理	zhěnglǐ	52
友谊	yǒuyì	52	正常	zhèngcháng	92
愉快	yúkuài	18	正好	zhènghǎo	32
于是	yúshì	93	证明	zhèngmíng	76

121

正确	zhèngquè	76		著名	zhùmíng	62
正式	zhèngshì	76		专门	zhuānmén	83
之	zhī	1		专业	zhuānyè	9
支持	zhīchí	15		转	zhuǎn	108
知识	zhīshi	6		赚	zhuàn	62
值得	zhídé	15		准确	zhǔnquè	83
直接	zhíjiē	8		准时	zhǔnshí	66
植物	zhíwù	8		仔细	zǐxì	53
职业	zhíyè	47		自然	zìrán	89
指	zhǐ	41		自信	zìxìn	98
只好	zhǐhǎo	93		总结	zǒngjié	27
只要	zhǐyào	18		租	zū	5
质量	zhìliàng	18		最好	zuìhǎo	5
至少	zhìshǎo	83		尊重	zūnzhòng	12
重	zhòng	108		左右	zuǒyòu	109
重点	zhòngdiǎn	66		座	zuò	80
重视	zhòngshì	23		作家	zuòjiā	109
周围	zhōuwéi	53		座位	zuòwèi	23
主意	zhǔyi	80		作用	zuòyòng	15
祝贺	zhùhè	83		作者	zuòzhě	66

出版人：	王君校
策划编辑：	张　超
责任编辑：	杨　晗
封面设计：	深圳市维梦品牌科技有限公司
排　　版：	北京颂煜文化传播有限公司
印刷监制：	汪　洋

图书在版编目（CIP）数据

新HSK分级分频词汇.4级/杨莹，周新新主编. -- 北京：华语教学出版社，2023.12
ISBN 978-7-5138-2485-9

Ⅰ.①新… Ⅱ.①杨… ②周… Ⅲ.①汉语-词汇-对外汉语教学-水平考试-自学参考资料 Ⅳ.①H195.4

中国国家版本馆CIP数据核字(2023)第231444号

新HSK分级分频词汇（4级）（汉英）

杨莹 周新新 主编

*

©教育部中外语言交流合作中心
华语教学出版社有限责任公司出版
（中国北京百万庄大街24号 邮政编码100037）
电话：（86）10-68320585, 68997826
传真：（86）10-68997826, 68326333
网址：www.sinolingua.com.cn
电子信箱：hyjx@sinolingua.com.cn
北京虎彩文化传播有限公司印刷
2024年（32开）第1版
2025年第1版第4次印刷
（汉英对照）
ISBN 978-7-5138-2485-9
003900